I0151224

INDONESISCH

WOORDENSCHAT

NEDERLANDS INDONESISCH

De meest bruikbare woorden
Om uw woordenschat uit te breiden en
uw taalvaardigheid aan te scherpen

7000 woorden

Thematische woordenschat Nederlands-Indonesisch - 7000 woorden

Door Andrey Taranov

Woordenlijsten van T&P Books zijn bedoeld om u woorden van een vreemde taal te helpen leren, onthouden, en bestudering. Dit woordenboek is ingedeeld in thema's en behandelt alle belangrijk terreinen van het dagelijkse leven, bedrijven, wetenschap, cultuur, etc.

Het proces van het leren van woorden met behulp van de op thema's gebaseerde aanpak van T&P Books biedt u de volgende voordelen:

- Correct gegroepeerde informatie is bepalend voor succes bij opeenvolgende stadia van het leren van woorden
- De beschikbaarheid van woorden die van dezelfde stam zijn maakt het mogelijk om woordgroepen te onthouden (in plaats van losse woorden)
- Kleine groepen van woorden faciliteren het proces van het aanmaken van associatieve verbindingen, die nodig zijn bij het consolideren van de woordenschat
- Het niveau van talenkennis kan worden ingeschat door het aantal geleerde woorden

T&P Books Publishing
www.tpbooks.com

ISBN: 978-1-78616-492-6

Dit boek is ook beschikbaar in e-boek formaat.
Gelieve www.tpbooks.com te bezoeken of de belangrijkste online boekwinkels.

INDONESISCHE WOORDENSCHAT
nieuwe woorden leren

T&P Books woordenlijsten zijn bedoeld om u te helpen vreemde woorden te leren, te onthouden, en te bestuderen. De woordenschat bevat meer dan 7000 veel gebruikte woorden die thematisch geordend zijn.

- De woordenlijst bevat de meest gebruikte woorden
- Aanbevolen als aanvulling bij welke taalcursus dan ook
- Voldoet aan de behoeften van de beginnende en gevorderde student in vreemde talen
- Geschikt voor dagelijks gebruik, bestudering en zelftestactiviteiten
- Maakt het mogelijk om uw woordenschat te evalueren

Bijzondere kenmerken van de woordenschat

- De woorden zijn gerangschikt naar hun betekenis, niet volgens alfabet
- De woorden worden weergegeven in drie kolommen om bestudering en zelftesten te vergemakkelijken
- Woorden in groepen worden verdeeld in kleine blokken om het leerproces te vergemakkelijken
- De woordenschat biedt een handige en eenvoudige beschrijving van elk buitenlands woord

De woordenschat bevat 198 onderwerpen zoals:

Basisconcepten, getallen, kleuren, maanden, seizoenen, meeteenheden, kleding en accessoires, eten & voeding, restaurant, familieleden, verwanten, karakter, gevoelens, emoties, ziekten, stad, dorp, bezienswaardigheden, winkelen, geld, huis, thuis, kantoor, werken op kantoor, import & export, marketing, werk zoeken, sport, onderwijs, computer, internet, gereedschap, natuur, landen, nationaliteiten en meer ...

INHOUDSOPGAVE

UITSPRAAKGIDS

Letter	Indonesisch voorbeeld	T&P fonetisch alfabet	Nederlands voorbeeld
Aa	zaman	[a]	acht
Bb	besar	[b]	hebben
Cc	kecil, cepat	[ʧ]	Tsjechië, cello
Dd	dugaan	[d]	Dank u, honderd
Ee	segera, mencium	[e], [ə]	zeven, zesde
Ff	berfungsi	[f]	feestdag, informeren
Gg	juga, lagi	[g]	goal, tango
Hh	hanya, bahwa	[h]	het, herhalen
Ii	izin, sebagai ganti	[i], [j]	bidden, januari
Jj	setuju, ijin	[ʤ]	jeans, gin
Kk	kemudian, tidak	[k], [ˀ]	kennen, glottisslag
Ll	dilarang	[l]	delen, luchter
Mm	melihat	[m]	morgen, etmaal
Nn	berenang	[n], [ŋ]	nemen, optelling
Oo	toko roti	[o:]	rood, knoop
Pp	peribahasa	[p]	parallel, koper
Qq	Aquarius	[k]	kennen, kleur
Rr	ratu, riang	[r]	trillende [r]
Ss	sendok, syarat	[s], [ʃ]	spreken, shampoo
Tt	tamu, adat	[t]	tomaat, taart
Uu	ambulans	[u]	hoed, doe
Vv	renovasi	[v]	beloven, schrijven
Ww	pariwisata	[w]	twee, willen
Xx	boxer	[ks]	links, maximaal
Yy	banyak, syarat	[j]	New York, januari
Zz	zamrud	[z]	zeven, zesde

Lettercombinaties

aa	maaf	[aˀa]	a+glottisslag
kh	khawatir	[h]	het, herhalen
th	Gereja Lutheran	[t]	tomaat, taart
-k	tidak	[ˀ]	glottisslag

AFKORTINGEN
gebruikt in de woordenschat

Nederlandse afkortingen

abn	-	als bijvoeglijk naamwoord
bijv.	-	bijvoorbeeld
bn	-	bijvoeglijk naamwoord
bw	-	bijwoord
enk.	-	enkelvoud
enz.	-	enzovoort
form.	-	formele taal
inform.	-	informele taal
mann.	-	mannelijk
mil.	-	militair
mv.	-	meervoud
on.ww.	-	onovergankelijk werkwoord
ontelb.	-	ontelbaar
ov.	-	over
ov.ww.	-	overgankelijk werkwoord
telb.	-	telbaar
vn	-	voornaamwoord
vrouw.	-	vrouwelijk
vw	-	voegwoord
vz	-	voorzetsel
wisk.	-	wiskunde
ww	-	werkwoord

Nederlandse artikelen

de	-	gemeenschappelijk geslacht
de/het	-	gemeenschappelijk geslacht, onzijdig
het	-	onzijdig

BASISBEGRIPPEN

Basisbegrippen Deel 1

1. Voornaamwoorden

ik	**saya, aku**	[saja], [aku]
jij, je	**engkau, kamu**	[eŋkau], [kamu]
hij, zij, het	**beliau, dia, ia**	[beliau], [dia], [ia]
wij, we	**kami, kita**	[kami], [kita]
jullie	**kalian**	[kalian]
U (form., enk.)	**Anda**	[anda]
U (form., mv.)	**Anda sekalian**	[anda sekalian]
zij, ze	**mereka**	[mereka]

2. Begroetingen. Begroetingen. Afscheid

Hallo! Dag!	**Halo!**	[halo!]
Hallo!	**Halo!**	[halo!]
Goedemorgen!	**Selamat pagi!**	[slamat pagi!]
Goedemiddag!	**Selamat siang!**	[slamat siaŋ!]
Goedenavond!	**Selamat sore!**	[slamat sore!]
gedag zeggen (groeten)	**menyapa**	[mənjapa]
Hoi!	**Hai!**	[hey!]
groeten (het)	**sambutan, salam**	[sambutan], [salam]
verwelkomen (ww)	**menyambut**	[mənjambut]
Hoe gaat het?	**Apa kabar?**	[apa kabar?]
Is er nog nieuws?	**Apa yang baru?**	[apa yaŋ baru?]
Tot ziens! (form.)	**Selamat tinggal!**	[slamat tiŋgal!],
	Selamat jalan!	[slamat dʒ'alan!]
Doei!	**Dadah!**	[dadah!]
Tot snel! Tot ziens!	**Sampai bertemu lagi!**	[sampaj bərtemu lagi!]
Vaarwel! (inform.)	**Sampai jumpa!**	[sampaj dʒ'umpa!]
Vaarwel! (form.)	**Selamat tinggal!**	[slamat tiŋgal!]
afscheid nemen (ww)	**berpamitan**	[bərpamitan]
Tot kijk!	**Sampai nanti!**	[sampaj nanti!]
Dank u!	**Terima kasih!**	[tərima kasih!]
Dank u wel!	**Terima kasih banyak!**	[tərima kasih banja'!]
Graag gedaan	**Kembali! Sama-sama!**	[kembali!], [sama-sama!]
Geen dank!	**Kembali!**	[kembali!]
Geen moeite.	**Kembali!**	[kembali!]
Excuseer me, ...	**Maaf, ...**	[ma'af, ...]
excuseren (verontschuldigen)	**memaafkan**	[mema'afkan]

zich verontschuldigen	**meminta maaf**	[meminta ma'af]
Mijn excuses.	**Maafkan saya**	[ma'afkan saja]
Het spijt me!	**Maaf!**	[ma'af!]
vergeven (ww)	**memaafkan**	[mema'afkan]
Maakt niet uit!	**Tidak apa-apa!**	[tida' apa-apa!]
alsjeblieft	**tolong**	[toloŋ]
Vergeet het niet!	**Jangan lupa!**	[ʤaŋan lupa!]
Natuurlijk!	**Tentu!**	[tentu!]
Natuurlijk niet!	**Tentu tidak!**	[tentu tida'!]
Akkoord!	**Baiklah! Baik!**	[bajklah!], [baj'!]
Zo is het genoeg!	**Cukuplah!**	[ʧukuplah!]

3. Kardinale getallen. Deel 1

nul	**nol**	[nol]
een	**satu**	[satu]
twee	**dua**	[dua]
drie	**tiga**	[tiga]
vier	**empat**	[empat]
vijf	**lima**	[lima]
zes	**enam**	[enam]
zeven	**tujuh**	[tuʤuh]
acht	**delapan**	[delapan]
negen	**sembilan**	[sembilan]
tien	**sepuluh**	[sepuluh]
elf	**sebelas**	[sebelas]
twaalf	**dua belas**	[dua belas]
dertien	**tiga belas**	[tiga belas]
veertien	**empat belas**	[empat belas]
vijftien	**lima belas**	[lima belas]
zestien	**enam belas**	[enam belas]
zeventien	**tujuh belas**	[tuʤuh belas]
achttien	**delapan belas**	[delapan belas]
negentien	**sembilan belas**	[sembilan belas]
twintig	**dua puluh**	[dua puluh]
eenentwintig	**dua puluh satu**	[dua puluh satu]
tweeëntwintig	**dua puluh dua**	[dua puluh dua]
drieëntwintig	**dua puluh tiga**	[dua puluh tiga]
dertig	**tiga puluh**	[tiga puluh]
eenendertig	**tiga puluh satu**	[tiga puluh satu]
tweeëndertig	**tiga puluh dua**	[tiga puluh dua]
drieëndertig	**tiga puluh tiga**	[tiga puluh tiga]
veertig	**empat puluh**	[empat puluh]
eenenveertig	**empat puluh satu**	[empat puluh satu]
tweeënveertig	**empat puluh dua**	[empat puluh dua]
drieënveertig	**empat puluh tiga**	[empat puluh tiga]
vijftig	**lima puluh**	[lima puluh]

eenenvijftig	lima puluh satu	[lima puluh satu]
tweeënvijftig	lima puluh dua	[lima puluh dua]
drieënvijftig	lima puluh tiga	[lima puluh tiga]

zestig	enam puluh	[enam puluh]
eenenzestig	enam puluh satu	[enam puluh satu]
tweeënzestig	enam puluh dua	[enam puluh dua]
drieënzestig	enam puluh tiga	[enam puluh tiga]

zeventig	tujuh puluh	[tudʒiuh puluh]
eenenzeventig	tujuh puluh satu	[tudʒiuh puluh satu]
tweeënzeventig	tujuh puluh dua	[tudʒiuh puluh dua]
drieënzeventig	tujuh puluh tiga	[tudʒiuh puluh tiga]

tachtig	delapan puluh	[delapan puluh]
eenentachtig	delapan puluh satu	[delapan puluh satu]
tweeëntachtig	delapan puluh dua	[delapan puluh dua]
drieëntachtig	delapan puluh tiga	[delapan puluh tiga]

negentig	sembilan puluh	[sembilan puluh]
eenennegentig	sembulan puluh satu	[sembilan puluh satu]
tweeënnegentig	sembilan puluh dua	[sembilan puluh dua]
drieënnegentig	sembilan puluh tiga	[sembilan puluh tiga]

4. Kardinale getallen. Deel 2

honderd	seratus	[seratus]
tweehonderd	dua ratus	[dua ratus]
driehonderd	tiga ratus	[tiga ratus]
vierhonderd	empat ratus	[empat ratus]
vijfhonderd	lima ratus	[lima ratus]

zeshonderd	enam ratus	[enam ratus]
zevenhonderd	tujuh ratus	[tudʒiuh ratus]
achthonderd	delapan ratus	[delapan ratus]
negenhonderd	sembilan ratus	[sembilan ratus]

duizend	seribu	[seribu]
tweeduizend	dua ribu	[dua ribu]
drieduizend	tiga ribu	[tiga ribu]
tienduizend	sepuluh ribu	[sepuluh ribu]
honderdduizend	seratus ribu	[seratus ribu]
miljoen (het)	juta	[dʒiuta]
miljard (het)	miliar	[miliar]

5. Getallen. Breuken

breukgetal (het)	pecahan	[petʃahan]
half	seperdua	[seperdua]
een derde	sepertiga	[sepertiga]
kwart	seperempat	[seperempat]
een achtste	seperdelapan	[seperdelapan]

een tiende	sepersepuluh	[sepersepuluh]
twee derde	dua pertiga	[dua pertiga]
driekwart	tiga perempat	[tiga perempat]

6. Getallen. Eenvoudige berekeningen

aftrekking (de)	pengurangan	[penuranan]
aftrekken (ww)	mengurangkan	[menurankan]
deling (de)	pembagian	[pembagian]
delen (ww)	membagi	[membagi]

optelling (de)	penambahan	[penambahan]
erbij optellen (bij elkaar voegen)	menambahkan	[menambahkan]
optellen (ww)	menambahkan	[menambahkan]
vermenigvuldiging (de)	pengalian	[penalian]
vermenigvuldigen (ww)	mengalikan	[menalikan]

7. Getallen. Diversen

cijfer (het)	angka	[anka]
nummer (het)	nomor	[nomor]
telwoord (het)	kata bilangan	[kata bilanan]
minteken (het)	minus	[minus]
plusteken (het)	plus	[plus]
formule (de)	rumus	[rumus]
berekening (de)	perhitungan	[perhitunan]
tellen (ww)	menghitung	[menhitun]
bijrekenen (ww)	menghitung	[menhitun]
vergelijken (ww)	membandingkan	[membandinkan]

Hoeveel?	Berapa?	[berapa?]
som (de), totaal (het)	jumlah	[dʒumlah]
uitkomst (de)	hasil	[hasil]
rest (de)	sisa, baki	[sisa], [baki]
enkele (bijv. ~ minuten)	beberapa	[beberapa]
weinig (bw)	sedikit	[sedikit]
restant (het)	selebihnya, sisanya	[selebihnja], [sisanja]
anderhalf	satu setengah	[satu setenah]
dozijn (het)	lusin	[lusin]

middendoor (bw)	dua bagian	[dua bagian]
even (bw)	rata	[rata]
helft (de)	setengah	[setenah]
keer (de)	kali	[kali]

8. De belangrijkste werkwoorden. Deel 1

| aanbevelen (ww) | merekomendasi | [merekomendasi] |
| aandringen (ww) | mendesak | [mendesaʔ] |

aankomen (per auto, enz.)	datang	[dataŋ]
aanraken (ww)	menyentuh	[mənjentuh]
adviseren (ww)	menasihati	[mənasihati]

afdalen (on.ww.)	turun	[turun]
afslaan (naar rechts ~)	membelok	[membelo']
antwoorden (ww)	menjawab	[mənʤawab]
bang zijn (ww)	takut	[takut]
bedreigen (bijv. met een pistool)	mengancam	[mənanʧam]

bedriegen (ww)	menipu	[mənipu]
beëindigen (ww)	mengakhiri	[məŋahiri]
beginnen (ww)	memulai, membuka	[memulaj], [membuka]
begrijpen (ww)	mengerti	[məŋerti]
beheren (managen)	memimpin	[memimpin]

beledigen (met scheldwoorden)	menghina	[məŋhina]
beloven (ww)	berjanji	[bərʤanʤi]
bereiden (koken)	memasak	[memasa']
bespreken (spreken over)	membicarakan	[membiʧarakan]

bestellen (eten ~)	memesan	[memesan]
bestraffen (een stout kind ~)	menghukum	[məŋhukum]
betalen (ww)	membayar	[membajar]
betekenen (beduiden)	berarti	[bərarti]
betreuren (ww)	menyesal	[mənjesal]

bevallen (prettig vinden)	suka	[suka]
bevelen (mil.)	memerintahkan	[memerintahkan]
bevrijden (stad, enz.)	membebaskan	[membebaskan]
bewaren (ww)	menyimpan	[mənjimpan]
bezitten (ww)	memiliki	[memiliki]

bidden (praten met God)	bersembahyang, berdoa	[bərsembahjaŋ], [bərdoa]
binnengaan (een kamer ~)	masuk, memasuki	[masuk], [memasuki]
breken (ww)	memecahkan	[memeʧahkan]
controleren (ww)	mengontrol	[məŋontrol]
creëren (ww)	menciptakan	[mənʧiptakan]

deelnemen (ww)	turut serta	[turut serta]
denken (ww)	berpikir	[bərpikir]
doden (ww)	membunuh	[membunuh]
doen (ww)	membuat	[membuat]
dorst hebben (ww)	haus	[haus]

9. De belangrijkste werkwoorden. Deel 2

een hint geven	memberi petunjuk	[memberi petunʤu']
eisen (met klem vragen)	menuntut	[mənuntut]
excuseren (vergeven)	memaafkan	[mema'afkan]
existeren (bestaan)	ada	[ada]
gaan (te voet)	berjalan	[bərʤalan]

gaan zitten (ww)	**duduk**	[duduʔ]
gaan zwemmen	**berenang**	[bərenaŋ]
geven (ww)	**memberi**	[memberi]
glimlachen (ww)	**tersenyum**	[tərsenyum]
goed raden (ww)	**menerka**	[mənerka]
grappen maken (ww)	**bergurau**	[bərgurau]
graven (ww)	**menggali**	[məŋgali]
hebben (ww)	**mempunyai**	[mempunjaj]
helpen (ww)	**membantu**	[membantu]
herhalen (opnieuw zeggen)	**mengulangi**	[məŋulaŋi]
honger hebben (ww)	**lapar**	[lapar]
hopen (ww)	**berharap**	[bərharap]
horen	**mendengar**	[məndeŋar]
(waarnemen met het oor)		
huilen (wenen)	**menangis**	[mənaŋis]
huren (huis, kamer)	**menyewa**	[mənjewa]
informeren (informatie geven)	**menginformasikan**	[məŋinformasikan]
instemmen (akkoord gaan)	**setuju**	[setudʒʲu]
jagen (ww)	**berburu**	[bərburu]
kennen (kennis hebben	**kenal**	[kenal]
van iemand)		
kiezen (ww)	**memilih**	[memilih]
klagen (ww)	**mengeluh**	[məŋeluh]
kosten (ww)	**berharga**	[bərharga]
kunnen (ww)	**bisa**	[bisa]
lachen (ww)	**tertawa**	[tərtawa]
laten vallen (ww)	**tercecer**	[tərtʃetʃer]
lezen (ww)	**membaca**	[membatʃa]
liefhebben (ww)	**mencintai**	[məntʃintaj]
lunchen (ww)	**makan siang**	[makan siaŋ]
nemen (ww)	**mengambil**	[məŋambil]
nodig zijn (ww)	**dibutuhkan**	[dibutuhkan]

10. De belangrijkste werkwoorden. Deel 3

onderschatten (ww)	**meremehkan**	[meremehkan]
ondertekenen (ww)	**menandatangani**	[mənandataŋani]
ontbijten (ww)	**sarapan**	[sarapan]
openen (ww)	**membuka**	[membuka]
ophouden (ww)	**menghentikan**	[məŋhentikan]
opmerken (zien)	**memperhatikan**	[memperhatikan]
opscheppen (ww)	**membual**	[membual]
opschrijven (ww)	**mencatat**	[məntʃatat]
plannen (ww)	**merencanakan**	[merentʃanakan]
prefereren (verkiezen)	**lebih suka**	[lebih suka]
proberen (trachten)	**mencoba**	[məntʃoba]
redden (ww)	**menyelamatkan**	[mənjelamatkan]

rekenen op ...	mengharapkan ...	[məŋharapkan ...]
rennen (ww)	lari	[lari]
reserveren	memesan	[memesan]
(een hotelkamer ~)		
roepen (om hulp)	memanggil	[memaŋgil]
schieten (ww)	menembak	[mənembaʔ]
schreeuwen (ww)	berteriak	[bərteriaʔ]
schrijven (ww)	menulis	[mənulis]
souperen (ww)	makan malam	[makan malam]
spelen (kinderen)	bermain	[bərmajn]
spreken (ww)	berbicara	[bərbitʃara]
stelen (ww)	mencuri	[məntʃuri]
stoppen (pauzeren)	berhenti	[bərhenti]
studeren (Nederlands ~)	mempelajari	[mempeladʒˈari]
sturen (zenden)	mengirim	[məŋirim]
tellen (optellen)	menghitung	[məŋhituŋ]
toebehoren ...	kepunyaan ...	[kepunjaʔan ...]
toestaan (ww)	mengizinkan	[məŋizinkan]
tonen (ww)	menunjukkan	[mənundʒˈuʔkan]
twijfelen (onzeker zijn)	ragu-ragu	[ragu-ragu]
uitgaan (ww)	keluar	[keluar]
uitnodigen (ww)	mengundang	[məŋundaŋ]
uitspreken (ww)	melafalkan	[melafalkan]
uitvaren tegen (ww)	memarahi, menegur	[memarahi], [menegur]

11. De belangrijkste werkwoorden. Deel 4

vallen (ww)	jatuh	[dʒˈatuh]
vangen (ww)	menangkap	[mənaŋkap]
veranderen (anders maken)	mengubah	[məŋubah]
verbaasd zijn (ww)	heran	[heran]
verbergen (ww)	menyembunyikan	[mənjembunjikan]
verdedigen (je land ~)	membela	[membela]
verenigen (ww)	menyatukan	[mənjatukan]
vergelijken (ww)	membandingkan	[membandiŋkan]
vergeten (ww)	melupakan	[melupakan]
vergeven (ww)	memaafkan	[memaʔafkan]
verklaren (uitleggen)	menjelaskan	[məndʒˈelaskan]
verkopen (per stuk ~)	menjual	[məndʒˈual]
vermelden (praten over)	menyebut	[mənjebut]
versieren (decoreren)	menghiasi	[məŋhiasi]
vertalen (ww)	menerjemahkan	[mənerdʒˈemahkan]
vertrouwen (ww)	mempercayai	[mempertʃajaj]
vervolgen (ww)	meneruskan	[məneruskan]
verwarren (met elkaar ~)	bingung membedakan	[biŋuŋ membedakan]
verzoeken (ww)	meminta	[meminta]
verzuimen (school, enz.)	absen	[absen]
vinden (ww)	menemukan	[mənemukan]

vliegen (ww)	**terbang**	[tərbaŋ]
volgen (ww)	**mengikuti ...**	[məŋikuti ...]
voorstellen (ww)	**mengusulkan**	[məŋusulkan]
voorzien (verwachten)	**menduga**	[mənduga]
vragen (ww)	**bertanya**	[bərtanja]

waarnemen (ww)	**mengamati**	[məŋamati]
waarschuwen (ww)	**memperingatkan**	[memperiŋatkan]
wachten (ww)	**menunggu**	[mənuŋgu]
weerspreken (ww)	**keberatan**	[keberatan]
weigeren (ww)	**menolak**	[mənolaʔ]

werken (ww)	**bekerja**	[bekerdʒia]
weten (ww)	**tahu**	[tahu]
willen (verlangen)	**mau, ingin**	[mau], [iŋin]
zeggen (ww)	**berkata**	[bərkata]
zich haasten (ww)	**tergesa-gesa**	[tərgesa-gesa]

zich interesseren voor ...	**menaruh minat pada ...**	[mənaruh minat pada ...]
zich vergissen (ww)	**salah**	[salah]
zich verontschuldigen	**meminta maaf**	[meminta maʔaf]
zien (ww)	**melihat**	[melihat]
zijn (leraar ~)	**ialah, adalah**	[ialah], [adalah]

zijn (op dieet ~)	**sedang**	[sedaŋ]
zoeken (ww)	**mencari ...**	[məntʃari ...]
zwemmen (ww)	**berenang**	[bərenaŋ]
zwijgen (ww)	**diam**	[diam]

12. Kleuren

kleur (de)	**warna**	[warna]
tint (de)	**nuansa**	[nuansa]
kleurnuance (de)	**warna**	[warna]
regenboog (de)	**pelangi**	[pelaŋi]

wit (bn)	**putih**	[putih]
zwart (bn)	**hitam**	[hitam]
grijs (bn)	**kelabu**	[kelabu]

groen (bn)	**hijau**	[hidʒiau]
geel (bn)	**kuning**	[kuniŋ]
rood (bn)	**merah**	[merah]

blauw (bn)	**biru**	[biru]
lichtblauw (bn)	**biru muda**	[biru muda]
roze (bn)	**pink**	[pinʔ]
oranje (bn)	**oranye, jingga**	[oranje], [dʒiŋga]
violet (bn)	**violet, ungu muda**	[violet], [uŋu muda]
bruin (bn)	**cokelat**	[tʃokelat]

goud (bn)	**keemasan**	[keemasan]
zilverkleurig (bn)	**keperakan**	[keperakan]
beige (bn)	**abu-abu kecokelatan**	[abu-abu ketʃokelatan]

roomkleurig (bn)	krem	[krem]
turkoois (bn)	pirus	[pirus]
kersrood (bn)	merah tua	[merah tua]
lila (bn)	ungu	[uŋu]
karmijnrood (bn)	merah lembayung	[merah lembajuŋ]
licht (bn)	terang	[teraŋ]
donker (bn)	gelap	[gelap]
fel (bn)	terang	[teraŋ]
kleur-, kleurig (bn)	berwarna	[bərwarna]
kleuren- (abn)	warna	[warna]
zwart-wit (bn)	hitam-putih	[hitam-putih]
eenkleurig (bn)	polos, satu warna	[polos], [satu warna]
veelkleurig (bn)	berwarna-warni	[bərwarna-warni]

13. Vragen

Wie?	Siapa?	[siapa?]
Wat?	Apa?	[apa?]
Waar?	Di mana?	[di mana?]
Waarheen?	Ke mana?	[ke mana?]
Waar ... vandaan?	Dari mana?	[dari mana?]
Wanneer?	Kapan?	[kapan?]
Waarom?	Mengapa?	[məŋapa?]
Waarom?	Mengapa?	[məŋapa?]
Waarvoor dan ook?	Untuk apa?	[untu' apa?]
Hoe?	Bagaimana?	[bagajmana?]
Wat voor ...?	Apa? Yang mana?	[apa?], [yaŋ mana?]
Welk?	Yang mana?	[yaŋ mana?]
Aan wie?	Kepada siapa? Untuk siapa?	[kepada siapa?], [untu' siapa?]
Over wie?	Tentang siapa?	[tentaŋ siapa?]
Waarover?	Tentang apa?	[tentaŋ apa?]
Met wie?	Dengan siapa?	[deŋan siapa?]
Hoeveel?	Berapa?	[bərapa?]
Van wie?	Milik siapa?	[mili' siapa?]

14. Functiewoorden. Bijwoorden. Deel 1

Waar?	Di mana?	[di mana?]
hier (bw)	di sini	[di sini]
daar (bw)	di sana	[di sana]
ergens (bw)	di suatu tempat	[di suatu tempat]
nergens (bw)	tak ada di mana pun	[ta' ada di mana pun]
bij ... (in de buurt)	dekat	[dekat]
bij het raam	dekat jendela	[dekat dʒʲendela]

Waarheen?	**Ke mana?**	[ke mana?]
hierheen (bw)	**ke sini**	[ke sini]
daarheen (bw)	**ke sana**	[ke sana]
hiervandaan (bw)	**dari sini**	[dari sini]
daarvandaan (bw)	**dari sana**	[dari sana]
dichtbij (bw)	**dekat**	[dekat]
ver (bw)	**jauh**	[dʒʲauh]
in de buurt (van …)	**dekat**	[dekat]
vlakbij (bw)	**dekat**	[dekat]
niet ver (bw)	**tidak jauh**	[tidaʔ dʒʲauh]
linker (bn)	**kiri**	[kiri]
links (bw)	**di kiri**	[di kiri]
linksaf, naar links (bw)	**ke kiri**	[ke kiri]
rechter (bn)	**kanan**	[kanan]
rechts (bw)	**di kanan**	[di kanan]
rechtsaf, naar rechts (bw)	**ke kanan**	[ke kanan]
vooraan (bw)	**di depan**	[di depan]
voorste (bn)	**depan**	[depan]
vooruit (bw)	**ke depan**	[ke depan]
achter (bw)	**di belakang**	[di belakaŋ]
van achteren (bw)	**dari belakang**	[dari belakaŋ]
achteruit (naar achteren)	**mundur**	[mundur]
midden (het)	**tengah**	[teŋah]
in het midden (bw)	**di tengah**	[di teŋah]
opzij (bw)	**di sisi, di samping**	[di sisi], [di sampiŋ]
overal (bw)	**di mana-mana**	[di mana-mana]
omheen (bw)	**di sekitar**	[di sekitar]
binnenuit (bw)	**dari dalam**	[dari dalam]
naar ergens (bw)	**ke suatu tempat**	[ke suatu tempat]
rechtdoor (bw)	**terus**	[terus]
terug (bijv. ~ komen)	**kembali**	[kembali]
ergens vandaan (bw)	**dari mana pun**	[dari mana pun]
ergens vandaan (en dit geld moet ~ komen)	**dari suatu tempat**	[dari suatu tempat]
ten eerste (bw)	**pertama**	[pərtama]
ten tweede (bw)	**kedua**	[kedua]
ten derde (bw)	**ketiga**	[ketiga]
plotseling (bw)	**tiba-tiba**	[tiba-tiba]
in het begin (bw)	**mula-mula**	[mula-mula]
voor de eerste keer (bw)	**untuk pertama kalinya**	[untuʔ pərtama kalinja]
lang voor … (bw)	**jauh sebelum …**	[dʒʲauh sebelum …]
opnieuw (bw)	**kembali**	[kembali]
voor eeuwig (bw)	**untuk selama-lamanya**	[untuʔ selama-lamanja]
nooit (bw)	**tidak pernah**	[tidaʔ pernah]

weer (bw)	lagi, kembali	[lagi], [kembali]
nu (bw)	sekarang	[sekaraŋ]
vaak (bw)	sering, seringkali	[seriŋ], [seriŋkali]
toen (bw)	ketika itu	[ketika itu]
urgent (bw)	segera	[segera]
meestal (bw)	biasanya	[biasanja]
trouwens, ... (tussen haakjes)	ngomong-ngomong ...	[ŋomoŋ-ŋomoŋ ...]
mogelijk (bw)	mungkin	[muŋkin]
waarschijnlijk (bw)	mungkin	[muŋkin]
misschien (bw)	mungkin	[muŋkin]
trouwens (bw)	selain itu ...	[selajn itu ...]
daarom ...	karena itu ...	[karena itu ...]
in weerwil van ...	meskipun ...	[meskipun ...]
dankzij ...	berkat ...	[berkat ...]
wat (vn)	apa	[apa]
dat (vw)	bahwa	[bahwa]
iets (vn)	sesuatu	[sesuatu]
iets	sesuatu	[sesuatu]
niets (vn)	tidak sesuatu pun	[tidaʔ sesuatu pun]
wie (~ is daar?)	siapa	[siapa]
iemand (een onbekende)	seseorang	[seseoraŋ]
iemand (een bepaald persoon)	seseorang	[seseoraŋ]
niemand (vn)	tidak seorang pun	[tidaʔ seoraŋ pun]
nergens (bw)	tidak ke mana pun	[tidaʔ ke mana pun]
niemands (bn)	tidak milik siapa pun	[tidaʔ miliʔ siapa pun]
iemands (bn)	milik seseorang	[miliʔ seseoraŋ]
zo (Ik ben ~ blij)	sangat	[saŋat]
ook (evenals)	juga	[dʒ'uga]
alsook (eveneens)	juga	[dʒ'uga]

15. Functiewoorden. Bijwoorden. Deel 2

Waarom?	Mengapa?	[məŋapa?]
om een bepaalde reden	entah mengapa	[entah məŋapa]
omdat ...	karena ...	[karena ...]
voor een bepaald doel	untuk tujuan tertentu	[untuʔ tudʒ'uan tərtentu]
en (vw)	dan	[dan]
of (vw)	atau	[atau]
maar (vw)	tetapi, namun	[tetapi], [namun]
voor (vz)	untuk	[untuʔ]
te (~ veel mensen)	terlalu	[tərlalu]
alleen (bw)	hanya	[hanja]
precies (bw)	tepat	[tepat]
ongeveer (~ 10 kg)	sekitar	[sekitar]
omstreeks (bw)	kira-kira	[kira-kira]

bij benadering (bn)	kira-kira	[kira-kira]
bijna (bw)	hampir	[hampir]
rest (de)	selebihnya, sisanya	[selebihnja], [sisanja]
de andere (tweede)	kedua	[kedua]
ander (bn)	lain	[lain]
elk (bn)	setiap	[setiap]
om het even welk	sebarang	[sebaraŋ]
veel (grote hoeveelheid)	banyak	[banjaʔ]
veel mensen	banyak orang	[banjaʔ oraŋ]
iedereen (alle personen)	semua	[semua]
in ruil voor ...	sebagai ganti ...	[sebagaj ganti ...]
in ruil (bw)	sebagai gantinya	[sebagaj gantinja]
met de hand (bw)	dengan tangan	[deŋan taŋan]
onwaarschijnlijk (bw)	hampir tidak	[hampir tidaʔ]
waarschijnlijk (bw)	mungkin	[muŋkin]
met opzet (bw)	sengaja	[seŋadʒʲa]
toevallig (bw)	tidak sengaja	[tidaʔ seŋadʒʲa]
zeer (bw)	sangat	[saŋat]
bijvoorbeeld (bw)	misalnya	[misalnja]
tussen (~ twee steden)	antara	[antara]
tussen (te midden van)	di antara	[di antara]
zoveel (bw)	banyak sekali	[banjaʔ sekali]
vooral (bw)	terutama	[terutama]

Basisbegrippen Deel 2

16. Dagen van de week

maandag (de)	**Hari Senin**	[hari senin]
dinsdag (de)	**Hari Selasa**	[hari selasa]
woensdag (de)	**Hari Rabu**	[hari rabu]
donderdag (de)	**Hari Kamis**	[hari kamis]
vrijdag (de)	**Hari Jumat**	[hari dʒ'umat]
zaterdag (de)	**Hari Sabtu**	[hari sabtu]
zondag (de)	**Hari Minggu**	[hari miŋgu]
vandaag (bw)	**hari ini**	[hari ini]
morgen (bw)	**besok**	[beso']
overmorgen (bw)	**besok lusa**	[beso' lusa]
gisteren (bw)	**kemarin**	[kemarin]
eergisteren (bw)	**kemarin dulu**	[kemarin dulu]
dag (de)	**hari**	[hari]
werkdag (de)	**hari kerja**	[hari kerdʒ'a]
feestdag (de)	**hari libur**	[hari libur]
verlofdag (de)	**hari libur**	[hari libur]
weekend (het)	**akhir pekan**	[ahir pekan]
de hele dag (bw)	**seharian**	[seharian]
de volgende dag (bw)	**hari berikutnya**	[hari bərikutnja]
twee dagen geleden	**dua hari lalu**	[dua hari lalu]
aan de vooravond (bw)	**hari sebelumnya**	[hari sebelumnja]
dag-, dagelijks (bn)	**harian**	[harian]
elke dag (bw)	**tiap hari**	[tiap hari]
week (de)	**minggu**	[miŋgu]
vorige week (bw)	**minggu lalu**	[miŋgu lalu]
volgende week (bw)	**minggu berikutnya**	[miŋgu bərikutnja]
wekelijks (bn)	**mingguan**	[miŋguan]
elke week (bw)	**tiap minggu**	[tiap miŋgu]
twee keer per week	**dua kali seminggu**	[dua kali semiŋgu]
elke dinsdag	**tiap Hari Selasa**	[tiap hari selasa]

17. Uren. Dag en nacht

morgen (de)	**pagi**	[pagi]
's morgens (bw)	**pada pagi hari**	[pada pagi hari]
middag (de)	**tengah hari**	[teŋah hari]
's middags (bw)	**pada sore hari**	[pada sore hari]
avond (de)	**sore, malam**	[sore], [malam]
's avonds (bw)	**waktu sore**	[waktu sore]

nacht (de)	malam	[malam]
's nachts (bw)	pada malam hari	[pada malam hari]
middernacht (de)	tengah malam	[teŋah malam]

seconde (de)	detik	[deti']
minuut (de)	menit	[menit]
uur (het)	jam	[dʒ'am]
halfuur (het)	setengah jam	[seteŋah dʒ'am]
kwartier (het)	seperempat jam	[seperempat dʒ'am]
vijftien minuten	lima belas menit	[lima belas menit]
etmaal (het)	siang-malam	[siaŋ-malam]

zonsopgang (de)	matahari terbit	[matahari tərbit]
dageraad (de)	subuh	[subuh]
vroege morgen (de)	dini pagi	[dini pagi]
zonsondergang (de)	matahari terbenam	[matahari tərbenam]

's morgens vroeg (bw)	pagi-pagi	[pagi-pagi]
vanmorgen (bw)	pagi ini	[pagi ini]
morgenochtend (bw)	besok pagi	[beso' pagi]
vanmiddag (bw)	sore ini	[sore ini]
's middags (bw)	pada sore hari	[pada sore hari]
morgenmiddag (bw)	besok sore	[beso' sore]
vanavond (bw)	sore ini	[sore ini]
morgenavond (bw)	besok malam	[beso' malam]

klokslag drie uur	pukul 3 tepat	[pukul tiga tepat]
ongeveer vier uur	sekitar pukul 4	[sekitar pukul empat]
tegen twaalf uur	pada pukul 12	[pada pukul belas]

over twintig minuten	dalam 20 menit	[dalam dua puluh menit]
over een uur	dalam satu jam	[dalam satu dʒ'am]
op tijd (bw)	tepat waktu	[tepat waktu]

kwart voor …	… kurang seperempat	[… kuraŋ seperempat]
binnen een uur	selama sejam	[selama sedʒ'am]
elk kwartier	tiap 15 menit	[tiap lima belas menit]
de klok rond	siang-malam	[siaŋ-malam]

18. Maanden. Seizoenen

januari (de)	Januari	[dʒ'anuari]
februari (de)	Februari	[februari]
maart (de)	Maret	[maret]
april (de)	April	[april]
mei (de)	Mei	[mei]
juni (de)	Juni	[dʒ'uni]

juli (de)	Juli	[dʒ'uli]
augustus (de)	Augustus	[augustus]
september (de)	September	[september]
oktober (de)	Oktober	[oktober]
november (de)	November	[november]
december (de)	Desember	[desember]

lente (de)	musim semi	[musim semi]
in de lente (bw)	pada musim semi	[pada musim semi]
lente- (abn)	musim semi	[musim semi]
zomer (de)	musim panas	[musim panas]
in de zomer (bw)	pada musim panas	[pada musim panas]
zomer-, zomers (bn)	musim panas	[musim panas]
herfst (de)	musim gugur	[musim gugur]
in de herfst (bw)	pada musim gugur	[pada musim gugur]
herfst- (abn)	musim gugur	[musim gugur]
winter (de)	musim dingin	[musim diŋin]
in de winter (bw)	pada musim dingin	[pada musim diŋin]
winter- (abn)	musim dingin	[musim diŋin]
maand (de)	bulan	[bulan]
deze maand (bw)	bulan ini	[bulan ini]
volgende maand (bw)	bulan depan	[bulan depan]
vorige maand (bw)	bulan lalu	[bulan lalu]
een maand geleden (bw)	sebulan lalu	[sebulan lalu]
over een maand (bw)	dalam satu bulan	[dalam satu bulan]
over twee maanden (bw)	dalam 2 bulan	[dalam dua bulan]
de hele maand (bw)	sepanjang bulan	[sepandʒian bulan]
een volle maand (bw)	sebulan penuh	[sebulan penuh]
maand-, maandelijks (bn)	bulanan	[bulanan]
maandelijks (bw)	tiap bulan	[tiap bulan]
elke maand (bw)	tiap bulan	[tiap bulan]
twee keer per maand	dua kali sebulan	[dua kali sebulan]
jaar (het)	tahun	[tahun]
dit jaar (bw)	tahun ini	[tahun ini]
volgend jaar (bw)	tahun depan	[tahun depan]
vorig jaar (bw)	tahun lalu	[tahun lalu]
een jaar geleden (bw)	setahun lalu	[setahun lalu]
over een jaar	dalam satu tahun	[dalam satu tahun]
over twee jaar	dalam 2 tahun	[dalam dua tahun]
het hele jaar	sepanjang tahun	[sepandʒian tahun]
een vol jaar	setahun penuh	[setahun penuh]
elk jaar	tiap tahun	[tiap tahun]
jaar-, jaarlijks (bn)	tahunan	[tahunan]
jaarlijks (bw)	tiap tahun	[tiap tahun]
4 keer per jaar	empat kali setahun	[empat kali setahun]
datum (de)	tanggal	[taŋgal]
datum (de)	tanggal	[taŋgal]
kalender (de)	kalender	[kalender]
een half jaar	setengah tahun	[seteŋah tahun]
zes maanden	enam bulan	[enam bulan]
seizoen (bijv. lente, zomer)	musim	[musim]
eeuw (de)	abad	[abad]

19. Tijd. Diversen

tijd (de)	waktu	[waktu]
ogenblik (het)	sekejap	[sekedʒ¡ap]
moment (het)	saat, waktu	[sa'at], [waktu]
ogenblikkelijk (bn)	seketika	[seketika]
tijdsbestek (het)	jangka waktu	[dʒ¡aŋka waktu]
leven (het)	kehidupan, hidup	[kehidupan], [hidup]
eeuwigheid (de)	keabadiaan	[keabadia'an]
epoche (de), tijdperk (het)	zaman	[zaman]
era (de), tijdperk (het)	era	[era]
cyclus (de)	siklus	[siklus]
periode (de)	periode, kurun waktu	[periode], [kurun waktu]
termijn (vastgestelde periode)	jangka waktu	[dʒ¡aŋka waktu]
toekomst (de)	masa depan	[masa depan]
toekomstig (bn)	yang akan datang	[yaŋ akan dataŋ]
de volgende keer	lain kali	[lain kali]
verleden (het)	masa lalu	[masa lalu]
vorig (bn)	lalu	[lalu]
de vorige keer	terakhir kali	[tərahir kali]
later (bw)	kemudian	[kemudian]
na (~ het diner)	sesudah	[sesudah]
tegenwoordig (bw)	sekarang	[sekaraŋ]
nu (bw)	saat ini	[sa'at ini]
onmiddellijk (bw)	segera	[segera]
snel (bw)	segera	[segera]
bij voorbaat (bw)	sebelumnya	[sebelumnja]
lang geleden (bw)	dahulu kala	[dahulu kala]
kort geleden (bw)	baru-baru ini	[baru-baru ini]
noodlot (het)	nasib	[nasib]
herinneringen (mv.)	kenang-kenangan	[kenaŋ-kenaŋan]
archief (het)	arsip	[arsip]
tijdens ... (ten tijde van)	selama ...	[selama ...]
lang (bw)	lama	[lama]
niet lang (bw)	tidak lama	[tida' lama]
vroeg (bijv. ~ in de ochtend)	pagi-pagi	[pagi-pagi]
laat (bw)	terlambat	[tərlambat]
voor altijd (bw)	untuk selama-lamanya	[untu' selama-lamanja]
beginnen (ww)	memulai	[memulaj]
uitstellen (ww)	menunda	[mənunda]
tegelijkertijd (bw)	serentak	[serenta']
voortdurend (bw)	tetap	[tetap]
constant (bijv. ~ lawaai)	terus menerus	[terus menerus]
tijdelijk (bn)	sementara	[sementara]
soms (bw)	kadang-kadang	[kadaŋ-kadaŋ]
zelden (bw)	jarang	[dʒ¡araŋ]
vaak (bw)	sering, seringkali	[seriŋ], [seriŋkali]

20. Tegenovergestelden

rijk (bn)	kaya	[kaja]
arm (bn)	miskin	[miskin]
ziek (bn)	sakit	[sakit]
gezond (bn)	sehat	[sehat]
groot (bn)	besar	[besar]
klein (bn)	kecil	[ketʃil]
snel (bw)	cepat	[tʃepat]
langzaam (bw)	perlahan-lahan	[pərlahan-lahan]
snel (bn)	cepat	[tʃepat]
langzaam (bn)	lambat	[lambat]
vrolijk (bn)	riang	[riaŋ]
treurig (bn)	sedih	[sedih]
samen (bw)	bersama	[bərsama]
apart (bw)	terpisah	[tərpisah]
hardop (~ lezen)	dengan keras	[deŋan keras]
stil (~ lezen)	dalam hati	[dalam hati]
hoog (bn)	tinggi	[tiŋgi]
laag (bn)	rendah	[rendah]
diep (bn)	dalam	[dalam]
ondiep (bn)	dangkal	[daŋkal]
ja	ya	[ya]
nee	tidak	[tidaʔ]
ver (bn)	jauh	[dʒʲauh]
dicht (bn)	dekat	[dekat]
ver (bw)	jauh	[dʒʲauh]
dichtbij (bw)	dekat	[dekat]
lang (bn)	panjang	[pandʒʲaŋ]
kort (bn)	pendek	[pendeʔ]
vriendelijk (goedhartig)	baik hati	[bajʔ hati]
kwaad (bn)	jahat	[dʒʲahat]
gehuwd (mann.)	menikah	[mənikah]
ongehuwd (mann.)	bujang	[budʒʲaŋ]
verbieden (ww)	melarang	[melaraŋ]
toestaan (ww)	mengizinkan	[məŋizinkan]
einde (het)	akhir	[ahir]
begin (het)	permulaan	[pərmulaʔan]

| linker (bn) | kiri | [kiri] |
| rechter (bn) | kanan | [kanan] |

| eerste (bn) | pertama | [pertama] |
| laatste (bn) | terakhir | [terahir] |

| misdaad (de) | kejahatan | [kedʒiahatan] |
| bestraffing (de) | hukuman | [hukuman] |

| bevelen (ww) | memerintahkan | [memerintahkan] |
| gehoorzamen (ww) | mematuhi | [mematuhi] |

| recht (bn) | lurus | [lurus] |
| krom (bn) | melengkung | [meleŋkuŋ] |

| paradijs (het) | surga | [surga] |
| hel (de) | neraka | [neraka] |

| geboren worden (ww) | lahir | [lahir] |
| sterven (ww) | mati, meninggal | [mati], [meniŋgal] |

| sterk (bn) | kuat | [kuat] |
| zwak (bn) | lemah | [lemah] |

| oud (bn) | tua | [tua] |
| jong (bn) | muda | [muda] |

| oud (bn) | tua | [tua] |
| nieuw (bn) | baru | [baru] |

| hard (bn) | keras | [keras] |
| zacht (bn) | lunak | [lunaʔ] |

| warm (bn) | hangat | [haŋat] |
| koud (bn) | dingin | [diŋin] |

| dik (bn) | gemuk | [gemuʔ] |
| dun (bn) | kurus | [kurus] |

| smal (bn) | sempit | [sempit] |
| breed (bn) | lebar | [lebar] |

| goed (bn) | baik | [bajʔ] |
| slecht (bn) | buruk | [buruʔ] |

| moedig (bn) | pemberani | [pemberani] |
| laf (bn) | penakut | [penakut] |

21. Lijnen en vormen

vierkant (het)	bujur sangkar	[budʒiur saŋkar]
vierkant (bn)	persegi	[persegi]
cirkel (de)	lingkaran	[liŋkaran]
rond (bn)	bundar	[bundar]

| driehoek (de) | segi tiga | [segi tiga] |
| driehoekig (bn) | segi tiga | [segi tiga] |

ovaal (het)	oval	[oval]
ovaal (bn)	oval	[oval]
rechthoek (de)	segi empat	[segi empat]
rechthoekig (bn)	siku-siku	[siku-siku]

piramide (de)	piramida	[piramida]
ruit (de)	rombus	[rombus]
trapezium (het)	trapesium	[trapesium]
kubus (de)	kubus	[kubus]
prisma (het)	prisma	[prisma]

omtrek (de)	lingkar	[liŋkar]
bol, sfeer (de)	bulatan	[bulatan]
bal (de)	bola	[bola]

diameter (de)	diameter	[diameter]
straal (de)	radius, jari-jari	[radius], [dʒari-dʒari]
omtrek (~ van een cirkel)	perimeter	[perimeter]
middelpunt (het)	pusat	[pusat]

horizontaal (bn)	horizontal, mendatar	[horizontal], [mendatar]
verticaal (bn)	vertikal, tegak lurus	[vertikal], [tega' lurus]
parallel (de)	sejajar	[sedʒadʒar]
parallel (bn)	sejajar	[sedʒadʒar]

lijn (de)	garis	[garis]
streep (de)	garis	[garis]
rechte lijn (de)	garis lurus	[garis lurus]
kromme (de)	garis lengkung	[garis leŋkuŋ]
dun (bn)	tipis	[tipis]
omlijning (de)	kontur	[kontur]

snijpunt (het)	titik potong	[titi' potoŋ]
rechte hoek (de)	sudut siku-siku	[sudut siku-siku]
segment (het)	segmen	[segmen]
sector (de)	sektor	[sektor]
zijde (de)	segi	[segi]
hoek (de)	sudut	[sudut]

22. Meeteenheden

gewicht (het)	berat	[berat]
lengte (de)	panjang	[pandʒaŋ]
breedte (de)	lebar	[lebar]
hoogte (de)	ketinggian	[ketiŋgian]
diepte (de)	kedalaman	[kedalaman]
volume (het)	volume, isi	[volume], [isi]
oppervlakte (de)	luas	[luas]

| gram (het) | gram | [gram] |
| milligram (het) | miligram | [miligram] |

kilogram (het)	kilogram	[kilogram]
ton (duizend kilo)	ton	[ton]
pond (het)	pon	[pon]
ons (het)	ons	[ons]
meter (de)	meter	[meter]
millimeter (de)	milimeter	[milimeter]
centimeter (de)	sentimeter	[sentimeter]
kilometer (de)	kilometer	[kilometer]
mijl (de)	mil	[mil]
duim (de)	inci	[inʧi]
voet (de)	kaki	[kaki]
yard (de)	yard	[yard]
vierkante meter (de)	meter persegi	[meter pərsegi]
hectare (de)	hektar	[hektar]
liter (de)	liter	[liter]
graad (de)	derajat	[deradʒˈat]
volt (de)	volt	[volt]
ampère (de)	ampere	[ampere]
paardenkracht (de)	tenaga kuda	[tenaga kuda]
hoeveelheid (de)	kuantitas	[kuantitas]
een beetje ...	sedikit ...	[sedikit ...]
helft (de)	setengah	[setəŋah]
dozijn (het)	lusin	[lusin]
stuk (het)	buah	[buah]
afmeting (de)	ukuran	[ukuran]
schaal (bijv. ~ van 1 op 50)	skala	[skala]
minimaal (bn)	minimal	[minimal]
minste (bn)	terkecil	[tərkeʧil]
medium (bn)	sedang	[sedaŋ]
maximaal (bn)	maksimal	[maksimal]
grootste (bn)	terbesar	[tərbesar]

23. Containers

glazen pot (de)	gelas	[gelas]
blik (conserven~)	kaleng	[kaleŋ]
emmer (de)	ember	[ember]
ton (bijv. regenton)	tong	[toŋ]
ronde waterbak (de)	baskom	[baskom]
tank (bijv. watertank-70-ltr)	tangki	[taŋki]
heupfles (de)	pelples	[pelples]
jerrycan (de)	jeriken	[dʒˈeriken]
tank (bijv. ketelwagen)	tangki	[taŋki]
beker (de)	mangkuk	[maŋkuʔ]
kopje (het)	cangkir	[ʧaŋkir]

schoteltje (het)	**alas cangkir**	[alas ʧaŋkir]
glas (het)	**gelas**	[gelas]
wijnglas (het)	**gelas anggur**	[gelas aŋgur]
steelpan (de)	**panci**	[panʧi]
fles (de)	**botol**	[botol]
flessenhals (de)	**leher**	[leher]
karaf (de)	**karaf**	[karaf]
kruik (de)	**kendi**	[kendi]
vat (het)	**wadah**	[wadah]
pot (de)	**pot**	[pot]
vaas (de)	**vas**	[vas]
flacon (de)	**botol**	[botol]
flesje (het)	**botol kecil**	[botol ketʃil]
tube (bijv. ~ tandpasta)	**tabung**	[tabuŋ]
zak (bijv. ~ aardappelen)	**karung**	[karuŋ]
tasje (het)	**kantong**	[kantoŋ]
pakje (~ sigaretten, enz.)	**bungkus**	[buŋkus]
doos (de)	**kotak, kardus**	[kotak], [kardus]
kist (de)	**kotak**	[kotaʔ]
mand (de)	**bakul**	[bakul]

24. Materialen

materiaal (het)	**bahan**	[bahan]
hout (het)	**kayu**	[kaju]
houten (bn)	**kayu**	[kaju]
glas (het)	**kaca**	[katʃa]
glazen (bn)	**kaca**	[katʃa]
steen (de)	**batu**	[batu]
stenen (bn)	**batu**	[batu]
plastic (het)	**plastik**	[plastiʔ]
plastic (bn)	**plastik**	[plastiʔ]
rubber (het)	**karet**	[karet]
rubber-, rubberen (bn)	**karet**	[karet]
stof (de)	**kain**	[kain]
van stof (bn)	**kain**	[kain]
papier (het)	**kertas**	[kertas]
papieren (bn)	**kertas**	[kertas]
karton (het)	**karton**	[karton]
kartonnen (bn)	**karton**	[karton]
polyethyleen (het)	**polietilena**	[polietilena]
cellofaan (het)	**selofana**	[selofana]

multiplex (het)	**kayu lapis**	[kaju lapis]
porselein (het)	**porselen**	[porselen]
porseleinen (bn)	**porselen**	[porselen]
klei (de)	**tanah liat**	[tanah liat]
klei-, van klei (bn)	**gerabah**	[gerabah]
keramiek (de)	**keramik**	[kerami']
keramieken (bn)	**keramik**	[kerami']

25. Metalen

metaal (het)	**logam**	[logam]
metalen (bn)	**logam**	[logam]
legering (de)	**aloi, lakur**	[aloy], [lakur]
goud (het)	**emas**	[emas]
gouden (bn)	**emas**	[emas]
zilver (het)	**perak**	[pera']
zilveren (bn)	**perak**	[pera']
IJzer (het)	**besi**	[besi]
IJzeren (bn)	**besi**	[besi]
staal (het)	**baja**	[badʒʲa]
stalen (bn)	**baja**	[badʒʲa]
koper (het)	**tembaga**	[tembaga]
koperen (bn)	**tembaga**	[tembaga]
aluminium (het)	**aluminium**	[aluminium]
aluminium (bn)	**aluminium**	[aluminium]
brons (het)	**perunggu**	[pəruŋgu]
bronzen (bn)	**perunggu**	[pəruŋgu]
messing (het)	**kuningan**	[kuniŋan]
nikkel (het)	**nikel**	[nikel]
platina (het)	**platinum**	[platinum]
kwik (het)	**air raksa**	[air raksa]
tin (het)	**timah**	[timah]
lood (het)	**timbal**	[timbal]
zink (het)	**seng**	[seŋ]

MENS

Mens. Het lichaam

26. Mensen. Basisbegrippen

mens (de)	manusia	[manusia]
man (de)	laki-laki, pria	[laki-laki], [pria]
vrouw (de)	perempuan, wanita	[pərempuan], [wanita]
kind (het)	anak	[anaʔ]
meisje (het)	anak perempuan	[anaʔ pərempuan]
jongen (de)	anak laki-laki	[anaʔ laki-laki]
tiener, adolescent (de)	remaja	[remadʒ'a]
oude man (de)	lelaki tua	[lelaki tua]
oude vrouw (de)	perempuan tua	[pərempuan tua]

27. Menselijke anatomie

organisme (het)	organisme	[organisme]
hart (het)	jantung	[dʒ'antuŋ]
bloed (het)	darah	[darah]
slagader (de)	arteri, pembuluh darah	[arteri], [pembuluh darah]
ader (de)	vena	[vena]
hersenen (mv.)	otak	[otaʔ]
zenuw (de)	saraf	[saraf]
zenuwen (mv.)	saraf	[saraf]
wervel (de)	ruas	[ruas]
ruggengraat (de)	tulang belakang	[tulaŋ belakaŋ]
maag (de)	lambung	[lambuŋ]
darmen (mv.)	usus	[usus]
darm (de)	usus	[usus]
lever (de)	hati	[hati]
nier (de)	ginjal	[gindʒ'al]
been (deel van het skelet)	tulang	[tulaŋ]
skelet (het)	skelet, rangka	[skelet], [raŋka]
rib (de)	tulang rusuk	[tulaŋ rusuʔ]
schedel (de)	tengkorak	[teŋkoraʔ]
spier (de)	otot	[otot]
biceps (de)	bisep	[bisep]
triceps (de)	trisep	[trisep]
pees (de)	tendon	[tendon]
gewricht (het)	sendi	[sendi]

longen (mv.)	**paru-paru**	[paru-paru]
geslachtsorganen (mv.)	**kemaluan**	[kemaluan]
huid (de)	**kulit**	[kulit]

28. Hoofd

hoofd (het)	**kepala**	[kepala]
gezicht (het)	**wajah**	[wadʒiah]
neus (de)	**hidung**	[hiduŋ]
mond (de)	**mulut**	[mulut]

oog (het)	**mata**	[mata]
ogen (mv.)	**mata**	[mata]
pupil (de)	**pupil, biji mata**	[pupil], [bidʒi mata]
wenkbrauw (de)	**alis**	[alis]
wimper (de)	**bulu mata**	[bulu mata]
ooglid (het)	**kelopak mata**	[kelopa' mata]

tong (de)	**lidah**	[lidah]
tand (de)	**gigi**	[gigi]
lippen (mv.)	**bibir**	[bibir]
jukbeenderen (mv.)	**tulang pipi**	[tulaŋ pipi]
tandvlees (het)	**gusi**	[gusi]
gehemelte (het)	**langit-langit mulut**	[laŋit-laŋit mulut]

neusgaten (mv.)	**lubang hidung**	[lubaŋ hiduŋ]
kin (de)	**dagu**	[dagu]
kaak (de)	**rahang**	[rahaŋ]
wang (de)	**pipi**	[pipi]

voorhoofd (het)	**dahi**	[dahi]
slaap (de)	**pelipis**	[pelipis]
oor (het)	**telinga**	[teliŋa]
achterhoofd (het)	**tengkuk**	[teŋku']
hals (de)	**leher**	[leher]
keel (de)	**tenggorok**	[teŋgoro']

haren (mv.)	**rambut**	[rambut]
kapsel (het)	**tatanan rambut**	[tatanan rambut]
haarsnit (de)	**potongan rambut**	[potoŋan rambut]
pruik (de)	**wig, rambut palsu**	[wig], [rambut palsu]

snor (de)	**kumis**	[kumis]
baard (de)	**janggut**	[dʒiaŋgut]
dragen (een baard, enz.)	**memelihara**	[memelihara]
vlecht (de)	**kepang**	[kepaŋ]
bakkebaarden (mv.)	**brewok**	[brewo']

ros (roodachtig, rossig)	**merah pirang**	[merah piraŋ]
grijs (~ haar)	**beruban**	[beruban]
kaal (bn)	**botak, plontos**	[botak], [plontos]
kale plek (de)	**botak**	[bota']
paardenstaart (de)	**ekor kuda**	[ekor kuda]
pony (de)	**poni rambut**	[poni rambut]

29. Menselijk lichaam

hand (de)	tangan	[taŋan]
arm (de)	lengan	[leŋan]

vinger (de)	jari	[dʒiari]
teen (de)	jari	[dʒiari]
duim (de)	jempol	[dʒiempol]
pink (de)	jari kelingking	[dʒiari keliŋkiŋ]
nagel (de)	kuku	[kuku]

vuist (de)	kepalan tangan	[kepalan taŋan]
handpalm (de)	telapak	[telapaʔ]
pols (de)	pergelangan	[pərgelaŋan]
voorarm (de)	lengan bawah	[leŋan bawah]
elleboog (de)	siku	[siku]
schouder (de)	bahu	[bahu]

been (rechter ~)	kaki	[kaki]
voet (de)	telapak kaki	[telapaʔ kaki]
knie (de)	lutut	[lutut]
kuit (de)	betis	[betis]
heup (de)	paha	[paha]
hiel (de)	tumit	[tumit]

lichaam (het)	tubuh	[tubuh]
buik (de)	perut	[perut]
borst (de)	dada	[dada]
borst (de)	payudara	[pajudara]
zijde (de)	rusuk	[rusuʔ]
rug (de)	punggung	[puŋguŋ]
lage rug (de)	pinggang bawah	[piŋgaŋ bawah]
taille (de)	pinggang	[piŋgaŋ]

navel (de)	pusar	[pusar]
billen (mv.)	pantat	[pantat]
achterwerk (het)	pantat	[pantat]

huidvlek (de)	tanda lahir	[tanda lahir]
moedervlek (de)	tanda lahir	[tanda lahir]
tatoeage (de)	tato	[tato]
litteken (het)	parut luka	[parut luka]

Kleding en accessoires

30. Bovenkleding. Jassen

kleren (mv.), kleding (de)	pakaian	[pakajan]
bovenkleding (de)	pakaian luar	[pakajan luar]
winterkleding (de)	pakaian musim dingin	[pakajan musim diŋin]
jas (de)	mantel	[mantel]
bontjas (de)	mantel bulu	[mantel bulu]
bontjasje (het)	jaket bulu	[dʒʲaket bulu]
donzen jas (de)	jaket bulu halus	[dʒʲaket bulu halus]
jasje (bijv. een leren ~)	jaket	[dʒʲaket]
regenjas (de)	jas hujan	[dʒʲas hudʒʲan]
waterdicht (bn)	kedap air	[kedap air]

31. Heren & dames kleding

overhemd (het)	kemeja	[kemedʒʲa]
broek (de)	celana	[tʃelana]
jeans (de)	celana jins	[tʃelana dʒins]
colbert (de)	jas	[dʒʲas]
kostuum (het)	setelan	[setelan]
jurk (de)	gaun	[gaun]
rok (de)	rok	[roʔ]
blouse (de)	blus	[blus]
wollen vest (de)	jaket wol	[dʒʲaket wol]
blazer (kort jasje)	jaket	[dʒʲaket]
T-shirt (het)	baju kaus	[badʒʲu kaus]
shorts (mv.)	celana pendek	[tʃelana pendeʔ]
trainingspak (het)	pakaian olahraga	[pakajan olahraga]
badjas (de)	jubah mandi	[dʒʲubah mandi]
pyjama (de)	piyama	[piyama]
sweater (de)	sweter	[sweter]
pullover (de)	pulover	[pulover]
gilet (het)	rompi	[rompi]
rokkostuum (het)	jas berbuntut	[dʒʲas bərbuntut]
smoking (de)	jas malam	[dʒʲas malam]
uniform (het)	seragam	[seragam]
werkkleding (de)	pakaian kerja	[pakajan kerdʒʲa]
overall (de)	baju monyet	[badʒʲu monjet]
doktersjas (de)	jas	[dʒʲas]

32. Kleding. Ondergoed

ondergoed (het)	**pakaian dalam**	[pakajan dalam]
herenslip (de)	**celana dalam lelaki**	[tʃelana dalam lelaki]
slipjes (mv.)	**celana dalam wanita**	[tʃelana dalam wanita]
onderhemd (het)	**singlet**	[siŋlet]
sokken (mv.)	**kaus kaki**	[kaus kaki]
nachthemd (het)	**baju tidur**	[badʒʲu tidur]
beha (de)	**beha**	[beha]
kniekousen (mv.)	**kaus kaki selutut**	[kaus kaki selutut]
panty (de)	**pantihos**	[pantihos]
nylonkousen (mv.)	**kaus kaki panjang**	[kaus kaki pandʒʲaŋ]
badpak (het)	**baju renang**	[badʒʲu renaŋ]

33. Hoofddeksels

hoed (de)	**topi**	[topi]
deukhoed (de)	**topi bulat**	[topi bulat]
honkbalpet (de)	**topi bisbol**	[topi bisbol]
kleppet (de)	**topi pet**	[topi pet]
baret (de)	**baret**	[baret]
kap (de)	**kerudung kepala**	[keruduŋ kepala]
panamahoed (de)	**topi panama**	[topi panama]
gebreide muts (de)	**topi rajut**	[topi radʒʲut]
hoofddoek (de)	**tudung kepala**	[tuduŋ kepala]
dameshoed (de)	**topi wanita**	[topi wanita]
veiligheidshelm (de)	**topi baja**	[topi badʒʲa]
veldmuts (de)	**topi lipat**	[topi lipat]
helm, valhelm (de)	**helm**	[helm]
bolhoed (de)	**topi bulat**	[topi bulat]
hoge hoed (de)	**topi tinggi**	[topi tiŋgi]

34. Schoeisel

schoeisel (het)	**sepatu**	[sepatu]
schoenen (mv.)	**sepatu bot**	[sepatu bot]
vrouwenschoenen (mv.)	**sepatu wanita**	[sepatu wanita]
laarzen (mv.)	**sepatu lars**	[sepatu lars]
pantoffels (mv.)	**pantofel**	[pantofel]
sportschoenen (mv.)	**sepatu tenis**	[sepatu tenis]
sneakers (mv.)	**sepatu kets**	[sepatu kets]
sandalen (mv.)	**sandal**	[sandal]
schoenlapper (de)	**tukang sepatu**	[tukaŋ sepatu]
hiel (de)	**tumit**	[tumit]

paar (een ~ schoenen)	**sepasang**	[sepasaŋ]
veter (de)	**tali sepatu**	[tali sepatu]
rijgen (schoenen ~)	**mengikat tali**	[məŋikat tali]
schoenlepel (de)	**sendok sepatu**	[sendo' sepatu]
schoensmeer (de/het)	**semir sepatu**	[semir sepatu]

35. Textiel. Weefsel

katoen (de/het)	**katun**	[katun]
katoenen (bn)	**katun**	[katun]
vlas (het)	**linen**	[linen]
vlas-, van vlas (bn)	**linen**	[linen]
zijde (de)	**sutra**	[sutra]
zijden (bn)	**sutra**	[sutra]
wol (de)	**wol**	[wol]
wollen (bn)	**wol**	[wol]
fluweel (het)	**beledu**	[beledu]
suède (de)	**suede**	[suede]
ribfluweel (het)	**korduroi**	[korduroy]
nylon (de/het)	**nilon**	[nilon]
nylon-, van nylon (bn)	**nilon**	[nilon]
polyester (het)	**poliester**	[poliester]
polyester- (abn)	**poliester**	[poliester]
leer (het)	**kulit**	[kulit]
leren (van leer gemaak)	**kulit**	[kulit]
bont (het)	**kulit berbulu**	[kulit bərbulu]
bont- (abn)	**bulu**	[bulu]

36. Persoonlijke accessoires

handschoenen (mv.)	**sarung tangan**	[saruŋ taŋan]
wanten (mv.)	**sarung tangan**	[saruŋ taŋan]
sjaal (fleece ~)	**selendang**	[selendaŋ]
bril (de)	**kacamata**	[katʃamata]
brilmontuur (het)	**bingkai**	[biŋkaj]
paraplu (de)	**payung**	[pajuŋ]
wandelstok (de)	**tongkat jalan**	[toŋkat dʒˈalan]
haarborstel (de)	**sikat rambut**	[sikat rambut]
waaier (de)	**kipas**	[kipas]
das (de)	**dasi**	[dasi]
strikje (het)	**dasi kupu-kupu**	[dasi kupu-kupu]
bretels (mv.)	**bretel**	[bretel]
zakdoek (de)	**sapu tangan**	[sapu taŋan]
kam (de)	**sisir**	[sisir]
haarspeldje (het)	**jepit rambut**	[dʒˈepit rambut]

| schuifspeldje (het) | harnal | [harnal] |
| gesp (de) | gesper | [gesper] |

| broekriem (de) | sabuk | [sabuʔ] |
| draagriem (de) | tali tas | [tali tas] |

handtas (de)	tas	[tas]
damestas (de)	tas tangan	[tas taŋan]
rugzak (de)	ransel	[ransel]

37. Kleding. Diversen

mode (de)	mode	[mode]
de mode (bn)	modis	[modis]
kledingstilist (de)	perancang busana	[pərantʃaŋ busana]

kraag (de)	kerah	[kerah]
zak (de)	saku	[saku]
zak- (abn)	saku	[saku]
mouw (de)	lengan	[leŋan]
lusje (het)	tali kait	[tali kait]
gulp (de)	golbi	[golbi]

rits (de)	ritsleting	[ritsletiŋ]
sluiting (de)	kancing	[kantʃiŋ]
knoop (de)	kancing	[kantʃiŋ]
knoopsgat (het)	lubang kancing	[lubaŋ kantʃiŋ]
losraken (bijv. knopen)	terlepas	[tərlepas]

naaien (kleren, enz.)	menjahit	[məndʒ¡ahit]
borduren (ww)	membordir	[membordir]
borduursel (het)	bordiran	[bordiran]
naald (de)	jarum	[dʒ¡arum]
draad (de)	benang	[benaŋ]
naad (de)	setik	[setiʔ]

vies worden (ww)	kena kotor	[kena kotor]
vlek (de)	bercak	[bertʃaʔ]
gekreukt raken (ov. kleren)	kumal	[kumal]
scheuren (ov.ww.)	merobek	[merobeʔ]
mot (de)	ngengat	[ŋeŋat]

38. Persoonlijke verzorging. Schoonheidsmiddelen

tandpasta (de)	pasta gigi	[pasta gigi]
tandenborstel (de)	sikat gigi	[sikat gigi]
tanden poetsen (ww)	menggosok gigi	[məŋgoso' gigi]

scheermes (het)	pisau cukur	[pisau tʃukur]
scheerschuim (het)	krim cukur	[krim tʃukur]
zich scheren (ww)	bercukur	[bərtʃukur]
zeep (de)	sabun	[sabun]

shampoo (de)	**sampo**	[sampo]
schaar (de)	**gunting**	[guntiŋ]
nagelvijl (de)	**kikir kuku**	[kikir kuku]
nagelknipper (de)	**pemotong kuku**	[pemotoŋ kuku]
pincet (het)	**pinset**	[pinset]
cosmetica (de)	**kosmetik**	[kosmeti']
masker (het)	**masker**	[masker]
manicure (de)	**manikur**	[manikur]
manicure doen	**melakukan manikur**	[melakukan manikur]
pedicure (de)	**pedi**	[pedi]
cosmetica tasje (het)	**tas kosmetik**	[tas kosmeti']
poeder (de/het)	**bedak**	[beda']
poederdoos (de)	**kotak bedak**	[kota' beda']
rouge (de)	**perona pipi**	[perona pipi]
parfum (de/het)	**parfum**	[parfum]
eau de toilet (de)	**minyak wangi**	[minja' waŋi]
lotion (de)	**losion**	[losjon]
eau de cologne (de)	**kolonye**	[kolone]
oogschaduw (de)	**pewarna mata**	[pewarna mata]
oogpotlood (het)	**pensil alis**	[pensil alis]
mascara (de)	**celak**	[ʧela']
lippenstift (de)	**lipstik**	[lipsti']
nagellak (de)	**kuteks, cat kuku**	[kuteks], [ʧat kuku]
haarlak (de)	**semprotan rambut**	[semprotan rambut]
deodorant (de)	**deodoran**	[deodoran]
crème (de)	**krim**	[krim]
gezichtscrème (de)	**krim wajah**	[krim waʤ'ah]
handcrème (de)	**krim tangan**	[krim taŋan]
antirimpelcrème (de)	**krim antikerut**	[krim antikerut]
dagcrème (de)	**krim siang**	[krim siaŋ]
nachtcrème (de)	**krim malam**	[krim malam]
dag- (abn)	**siang**	[siaŋ]
nacht- (abn)	**malam**	[malam]
tampon (de)	**tampon**	[tampon]
toiletpapier (het)	**kertas toilet**	[kertas toylet]
föhn (de)	**pengering rambut**	[peŋeriŋ rambut]

39. Juwelen

sieraden (mv.)	**perhiasan**	[perhiasan]
edel (bijv. ~ stenen)	**mulia, berharga**	[mulia], [berharga]
keurmerk (het)	**tanda kadar**	[tanda kadar]
ring (de)	**cincin**	[ʧinʧin]
trouwring (de)	**cincin kawin**	[ʧinʧin kawin]
armband (de)	**gelang**	[gelaŋ]
oorringen (mv.)	**anting-anting**	[antiŋ-antiŋ]

halssnoer (het)	**kalung**	[kaluŋ]
kroon (de)	**mahkota**	[mahkota]
kralen snoer (het)	**kalung manik-manik**	[kaluŋ mani'-mani']
diamant (de)	**berlian**	[bərlian]
smaragd (de)	**zamrud**	[zamrud]
robijn (de)	**batu mirah delima**	[batu mirah delima]
saffier (de)	**nilakandi**	[nilakandi]
parel (de)	**mutiara**	[mutiara]
barnsteen (de)	**batu amber**	[batu amber]

40. Horloges. Klokken

polshorloge (het)	**arloji**	[arlodʒi]
wijzerplaat (de)	**piringan jam**	[piriŋan dʒʲam]
wijzer (de)	**jarum**	[dʒʲarum]
metalen horlogeband (de)	**rantai arloji**	[rantaj arlodʒi]
horlogebandje (het)	**tali arloji**	[tali arlodʒi]
batterij (de)	**baterai**	[bateraj]
leeg zijn (ww)	**mati**	[mati]
batterij vervangen	**mengganti baterai**	[məŋganti bateraj]
voorlopen (ww)	**cepat**	[tʃepat]
achterlopen (ww)	**terlambat**	[tərlambat]
wandklok (de)	**jam dinding**	[dʒʲam dindiŋ]
zandloper (de)	**jam pasir**	[dʒʲam pasir]
zonnewijzer (de)	**jam matahari**	[dʒʲam matahari]
wekker (de)	**weker**	[weker]
horlogemaker (de)	**tukang jam**	[tukaŋ dʒʲam]
repareren (ww)	**mereparasi, memperbaiki**	[mereparasi], [memperbajki]

Voedsel. Voeding

41. Voedsel

vlees (het)	**daging**	[dagiŋ]
kip (de)	**ayam**	[ajam]
kuiken (het)	**anak ayam**	[ana' ajam]
eend (de)	**bebek**	[bebe']
gans (de)	**angsa**	[aŋsa]
wild (het)	**binatang buruan**	[binataŋ buruan]
kalkoen (de)	**kalkun**	[kalkun]
varkensvlees (het)	**daging babi**	[dagiŋ babi]
kalfsvlees (het)	**daging anak sapi**	[dagiŋ ana' sapi]
schapenvlees (het)	**daging domba**	[dagiŋ domba]
rundvlees (het)	**daging sapi**	[dagiŋ sapi]
konijnenvlees (het)	**kelinci**	[kelintʃi]
worst (de)	**sosis**	[sosis]
saucijs (de)	**sosis**	[sosis]
spek (het)	**bakon**	[beykon]
ham (de)	**ham, daging kornet**	[ham], [dagiŋ kornet]
gerookte achterham (de)	**ham**	[ham]
paté, pastei (de)	**pasta**	[pasta]
lever (de)	**hati**	[hati]
gehakt (het)	**daging giling**	[dagiŋ giliŋ]
tong (de)	**lidah**	[lidah]
ei (het)	**telur**	[telur]
eieren (mv.)	**telur**	[telur]
eiwit (het)	**putih telur**	[putih telur]
eigeel (het)	**kuning telur**	[kuniŋ telur]
vis (de)	**ikan**	[ikan]
zeevruchten (mv.)	**makanan laut**	[makanan laut]
schaaldieren (mv.)	**krustasea**	[krustasea]
kaviaar (de)	**caviar**	[kaviar]
krab (de)	**kepiting**	[kepitiŋ]
garnaal (de)	**udang**	[udaŋ]
oester (de)	**tiram**	[tiram]
langoest (de)	**lobster berduri**	[lobster bərduri]
octopus (de)	**gurita**	[gurita]
inktvis (de)	**cumi-cumi**	[tʃumi-tʃumi]
steur (de)	**ikan sturgeon**	[ikan sturdʒʲen]
zalm (de)	**salmon**	[salmon]
heilbot (de)	**ikan turbot**	[ikan turbot]
kabeljauw (de)	**ikan kod**	[ikan kod]

makreel (de)	ikan kembung	[ikan kembuŋ]
tonijn (de)	tuna	[tuna]
paling (de)	belut	[belut]

forel (de)	ikan forel	[ikan forel]
sardine (de)	sarden	[sarden]
snoek (de)	ikan pike	[ikan paik]
haring (de)	ikan haring	[ikan hariŋ]

brood (het)	roti	[roti]
kaas (de)	keju	[kedʒʲu]
suiker (de)	gula	[gula]
zout (het)	garam	[garam]

rijst (de)	beras, nasi	[beras], [nasi]
pasta (de)	makaroni	[makaroni]
noedels (mv.)	mi	[mi]

boter (de)	mentega	[məntega]
plantaardige olie (de)	minyak nabati	[minja' nabati]
zonnebloemolie (de)	minyak bunga matahari	[minja' buŋa matahari]
margarine (de)	margarin	[margarin]

| olijven (mv.) | buah zaitun | [buah zajtun] |
| olijfolie (de) | minyak zaitun | [minja' zajtun] |

melk (de)	susu	[susu]
gecondenseerde melk (de)	susu kental	[susu kental]
yoghurt (de)	yogurt	[yogurt]
zure room (de)	krim asam	[krim asam]
room (de)	krim, kepala susu	[krim], [kepala susu]

| mayonaise (de) | mayones | [majones] |
| crème (de) | krim | [krim] |

graan (het)	menir	[menir]
meel (het), bloem (de)	tepung	[tepuŋ]
conserven (mv.)	makanan kalengan	[makanan kaleŋan]

maïsvlokken (mv.)	emping jagung	[empiŋ dʒʲaguŋ]
honing (de)	madu	[madu]
jam (de)	selai	[selaj]
kauwgom (de)	permen karet	[pərmen karet]

42. Drankjes

water (het)	air	[air]
drinkwater (het)	air minum	[air minum]
mineraalwater (het)	air mineral	[air mineral]

zonder gas	tanpa gas	[tanpa gas]
koolzuurhoudend (bn)	berkarbonasi	[bərkarbonasi]
bruisend (bn)	bergas	[bərgas]
IJs (het)	es	[es]

met ijs	dengan es	[deŋan es]
alcohol vrij (bn)	tanpa alkohol	[tanpa alkohol]
alcohol vrije drank (de)	minuman ringan	[minuman riŋan]
frisdrank (de)	minuman penygar	[minuman penigar]
limonade (de)	limun	[limun]
alcoholische dranken (mv.)	minoman beralkohol	[minoman beralkohol]
wijn (de)	anggur	[aŋgur]
witte wijn (de)	anggur putih	[aŋgur putih]
rode wijn (de)	anggur merah	[aŋgur merah]
likeur (de)	likeur	[likeur]
champagne (de)	sampanye	[sampanje]
vermout (de)	vermouth	[vermut]
whisky (de)	wiski	[wiski]
wodka (de)	vodka	[vodka]
gin (de)	jin, jenewer	[dʒin], [dʒʲenewer]
cognac (de)	konyak	[konjaʔ]
rum (de)	rum	[rum]
koffie (de)	kopi	[kopi]
zwarte koffie (de)	kopi pahit	[kopi pahit]
koffie (de) met melk	kopi susu	[kopi susu]
cappuccino (de)	cappuccino	[kaputʃino]
oploskoffie (de)	kopi instan	[kopi instan]
melk (de)	susu	[susu]
cocktail (de)	koktail	[koktajl]
milkshake (de)	susu kocok	[susu kotʃoʔ]
sap (het)	jus	[dʒʲus]
tomatensap (het)	jus tomat	[dʒʲus tomat]
sinaasappelsap (het)	jus jeruk	[dʒʲus dʒʲeruʔ]
vers geperst sap (het)	jus peras	[dʒʲus pəras]
bier (het)	bir	[bir]
licht bier (het)	bir putih	[bir putih]
donker bier (het)	bir hitam	[bir hitam]
thee (de)	teh	[teh]
zwarte thee (de)	teh hitam	[teh hitam]
groene thee (de)	teh hijau	[teh hidʒʲau]

43. Groenten

groenten (mv.)	sayuran	[sajuran]
verse kruiden (mv.)	sayuran hijau	[sajuran hidʒʲau]
tomaat (de)	tomat	[tomat]
augurk (de)	mentimun, ketimun	[məntimun], [ketimun]
wortel (de)	wortel	[wortel]
aardappel (de)	kentang	[kentaŋ]
ui (de)	bawang	[bawaŋ]

knoflook (de)	bawang putih	[bawaŋ putih]
kool (de)	kol	[kol]
bloemkool (de)	kembang kol	[kembaŋ kol]
spruitkool (de)	kol Brussels	[kol brusels]
broccoli (de)	brokoli	[brokoli]
rode biet (de)	ubi bit merah	[ubi bit merah]
aubergine (de)	terung, terong	[teruŋ], [təroŋ]
courgette (de)	labu siam	[labu siam]
pompoen (de)	labu	[labu]
raap (de)	turnip	[turnip]
peterselie (de)	peterseli	[peterseli]
dille (de)	adas sowa	[adas sowa]
sla (de)	selada	[selada]
selderij (de)	seledri	[seledri]
asperge (de)	asparagus	[asparagus]
spinazie (de)	bayam	[bajam]
erwt (de)	kacang polong	[katʃaŋ poloŋ]
bonen (mv.)	kacang-kacangan	[katʃaŋ-katʃaŋan]
maïs (de)	jagung	[dʒʲaguŋ]
boon (de)	kacang buncis	[katʃaŋ buntʃis]
peper (de)	cabai	[tʃabaj]
radijs (de)	radis	[radis]
artisjok (de)	artisyok	[artiʃoʔ]

44. Vruchten. Noten

vrucht (de)	buah	[buah]
appel (de)	apel	[apel]
peer (de)	pir	[pir]
citroen (de)	jeruk sitrun	[dʒʲeruʔ sitrun]
sinaasappel (de)	jeruk manis	[dʒʲeruʔ manis]
aardbei (de)	stroberi	[stroberi]
mandarijn (de)	jeruk mandarin	[dʒʲeruʔ mandarin]
pruim (de)	plum	[plum]
perzik (de)	persik	[persiʔ]
abrikoos (de)	aprikot	[aprikot]
framboos (de)	buah frambus	[buah frambus]
ananas (de)	nanas	[nanas]
banaan (de)	pisang	[pisaŋ]
watermeloen (de)	semangka	[semaŋka]
druif (de)	buah anggur	[buah aŋgur]
zure kers (de)	buah ceri asam	[buah tʃeri asam]
zoete kers (de)	buah ceri manis	[buah tʃeri manis]
meloen (de)	melon	[melon]
grapefruit (de)	jeruk Bali	[dʒʲeruʔ bali]
avocado (de)	avokad	[avokad]
papaja (de)	pepaya	[pepaja]

| mango (de) | mangga | [maŋga] |
| granaatappel (de) | buah delima | [buah delima] |

rode bes (de)	redcurrant	[redkaren]
zwarte bes (de)	blackcurrant	[ble'karen]
kruisbes (de)	buah arbei hijau	[buah arbei hidʒiau]
bosbes (de)	buah bilberi	[buah bilberi]
braambes (de)	beri hitam	[beri hitam]

rozijn (de)	kismis	[kismis]
vijg (de)	buah ara	[buah ara]
dadel (de)	buah kurma	[buah kurma]

pinda (de)	kacang tanah	[katʃaŋ tanah]
amandel (de)	badam	[badam]
walnoot (de)	buah walnut	[buah walnut]
hazelnoot (de)	kacang hazel	[katʃaŋ hazel]
kokosnoot (de)	buah kelapa	[buah kelapa]
pistaches (mv.)	badam hijau	[badam hidʒiau]

45. Brood. Snoep

suikerbakkerij (de)	kue-mue	[kue-mue]
brood (het)	roti	[roti]
koekje (het)	biskuit	[biskuit]

chocolade (de)	cokelat	[tʃokelat]
chocolade- (abn)	cokelat	[tʃokelat]
snoepje (het)	permen	[pərmen]
cakeje (het)	kue	[kue]
taart (bijv. verjaardags~)	kue tar	[kue tar]

| pastei (de) | pai | [pai] |
| vulling (de) | inti | [inti] |

confituur (de)	selai buah utuh	[selaj buah utuh]
marmelade (de)	marmelade	[marmelade]
wafel (de)	wafel	[wafel]
IJsje (het)	es krim	[es krim]
pudding (de)	puding	[pudiŋ]

46. Bereide gerechten

gerecht (het)	masakan, hidangan	[masakan], [hidaŋan]
keuken (bijv. Franse ~)	masakan	[masakan]
recept (het)	resep	[resep]
portie (de)	porsi	[porsi]

salade (de)	salada	[salada]
soep (de)	sup	[sup]
bouillon (de)	kaldu	[kaldu]
boterham (de)	roti lapis	[roti lapis]

spiegelei (het)	**telur mata sapi**	[telur mata sapi]
hamburger (de)	**hamburger**	[hamburger]
biefstuk (de)	**bistik**	[bisti']
garnering (de)	**lauk**	[lau']
spaghetti (de)	**spageti**	[spageti]
aardappelpuree (de)	**kentang tumbuk**	[kentaŋ tumbu']
pizza (de)	**piza**	[piza]
pap (de)	**bubur**	[bubur]
omelet (de)	**telur dadar**	[telur dadar]
gekookt (in water)	**rebus**	[rebus]
gerookt (bn)	**asap**	[asap]
gebakken (bn)	**goreng**	[goreŋ]
gedroogd (bn)	**kering**	[keriŋ]
diepvries (bn)	**beku**	[beku]
gemarineerd (bn)	**marinade**	[marinade]
zoet (bn)	**manis**	[manis]
gezouten (bn)	**asin**	[asin]
koud (bn)	**dingin**	[diŋin]
heet (bn)	**panas**	[panas]
bitter (bn)	**pahit**	[pahit]
lekker (bn)	**enak**	[ena']
koken (in kokend water)	**merebus**	[merebus]
bereiden (avondmaaltijd ~)	**memasak**	[memasa']
bakken (ww)	**menggoreng**	[məŋgoreŋ]
opwarmen (ww)	**memanaskan**	[memanaskan]
zouten (ww)	**menggarami**	[məŋgarami]
peperen (ww)	**membubuh merica**	[membubuh meritʃa]
raspen (ww)	**memarut**	[memarut]
schil (de)	**kulit**	[kulit]
schillen (ww)	**mengupas**	[məŋupas]

47. Kruiden

zout (het)	**garam**	[garam]
gezouten (bn)	**asin**	[asin]
zouten (ww)	**menggarami**	[məŋgarami]
zwarte peper (de)	**merica**	[meritʃa]
rode peper (de)	**cabai merah**	[tʃabaj merah]
mosterd (de)	**mustar**	[mustar]
mierikswortel (de)	**lobak pedas**	[loba' pedas]
condiment (het)	**bumbu**	[bumbu]
specerij , kruiderij (de)	**rempah-rempah**	[rempah-rempah]
saus (de)	**saus**	[saus]
azijn (de)	**cuka**	[tʃuka]
anijs (de)	**adas manis**	[adas manis]
basilicum (de)	**selasih**	[selasih]

kruidnagel (de)	cengkih	[ʧeŋkih]
gember (de)	jahe	[dʒ'ahe]
koriander (de)	ketumbar	[ketumbar]
kaneel (de/het)	kayu manis	[kaju manis]

sesamzaad (het)	wijen	[widʒ'en]
laurierblad (het)	daun salam	[daun salam]
paprika (de)	cabai	[ʧabaj]
komijn (de)	jintan	[dʒintan]
saffraan (de)	kuma-kuma	[kuma-kuma]

48. Maaltijden

| eten (het) | makanan | [makanan] |
| eten (ww) | makan | [makan] |

ontbijt (het)	makan pagi, sarapan	[makan pagi], [sarapan]
ontbijten (ww)	sarapan	[sarapan]
lunch (de)	makan siang	[makan siaŋ]
lunchen (ww)	makan siang	[makan siaŋ]
avondeten (het)	makan malam	[makan malam]
souperen (ww)	makan malam	[makan malam]

| eetlust (de) | nafsu makan | [nafsu makan] |
| Eet smakelijk! | Selamat makan! | [selamat makan!] |

| openen (een fles ~) | membuka | [membuka] |
| morsen (koffie, enz.) | menumpahkan | [mənumpahkan] |

koken (water kookt bij 100°C)	mendidih	[məndidih]
koken (Hoe om water te ~)	mendidihkan	[məndidihkan]
gekookt (~ water)	masak	[masaʔ]

| afkoelen (koeler maken) | mendinginkan | [məndiŋinkan] |
| afkoelen (koeler worden) | mendingin | [məndiŋin] |

| smaak (de) | rasa | [rasa] |
| nasmaak (de) | nuansa rasa | [nuansa rasa] |

volgen een dieet	berdiet	[berdiet]
dieet (het)	diet, pola makan	[diet], [pola makan]
vitamine (de)	vitamin	[vitamin]
calorie (de)	kalori	[kalori]

| vegetariër (de) | vegetarian | [vegetarian] |
| vegetarisch (bn) | vegetarian | [vegetarian] |

vetten (mv.)	lemak	[lemaʔ]
eiwitten (mv.)	protein	[protein]
koolhydraten (mv.)	karbohidrat	[karbohidrat]

snede (de)	irisan	[irisan]
stuk (bijv. een ~ taart)	potongan	[potoŋan]
kruimel (de)	remah	[remah]

49. Tafelschikking

lepel (de)	sendok	[sendoʔ]
mes (het)	pisau	[pisau]
vork (de)	garpu	[garpu]

kopje (het)	cangkir	[ʧaŋkir]
bord (het)	piring	[piriŋ]
schoteltje (het)	alas cangkir	[alas ʧaŋkir]
servet (het)	serbet	[serbet]
tandenstoker (de)	tusuk gigi	[tusuʔ gigi]

50. Restaurant

restaurant (het)	restoran	[restoran]
koffiehuis (het)	warung kopi	[waruŋ kopi]
bar (de)	bar	[bar]
tearoom (de)	warung teh	[waruŋ teh]

kelner, ober (de)	pelayan lelaki	[pelajan lelaki]
serveerster (de)	pelayan perempuan	[pelajan perempuan]
barman (de)	pelayan bar	[pelajan bar]

menu (het)	menu	[menu]
wijnkaart (de)	daftar anggur	[daftar aŋgur]
een tafel reserveren	memesan meja	[memesan meʤa]

gerecht (het)	masakan, hidangan	[masakan], [hidaŋan]
bestellen (eten ~)	memesan	[memesan]
een bestelling maken	memesan	[memesan]

aperitief (de/het)	aperitif	[aperitif]
voorgerecht (het)	makanan ringan	[makanan riŋan]
dessert (het)	hidangan penutup	[hidaŋan penutup]

rekening (de)	bon	[bon]
de rekening betalen	membayar bon	[membajar bon]
wisselgeld teruggeven	memberikan uang kembalian	[memberikan uaŋ kembalian]
fooi (de)	tip	[tip]

Familie, verwanten en vrienden

51. Persoonlijke informatie. Formulieren

naam (de)	nama, nama depan	[nama], [nama depan]
achternaam (de)	nama keluarga	[nama keluarga]
geboortedatum (de)	tanggal lahir	[taŋgal lahir]
geboorteplaats (de)	tempat lahir	[tempat lahir]
nationaliteit (de)	kebangsaan	[kebaŋsa'an]
woonplaats (de)	tempat tinggal	[tempat tiŋgal]
land (het)	negara, negeri	[negara], [negeri]
beroep (het)	profesi	[profesi]
geslacht (ov. het vrouwelijk ~)	jenis kelamin	[dʒ'enis kelamin]
lengte (de)	tinggi badan	[tiŋgi badan]
gewicht (het)	berat	[berat]

52. Familieleden. Verwanten

moeder (de)	ibu	[ibu]
vader (de)	ayah	[ajah]
zoon (de)	anak lelaki	[ana' lelaki]
dochter (de)	anak perempuan	[ana' perempuan]
jongste dochter (de)	anak perempuan bungsu	[ana' perempuan buŋsu]
jongste zoon (de)	anak lelaki bungsu	[ana' lelaki buŋsu]
oudste dochter (de)	anak perempuan sulung	[ana' perempuan suluŋ]
oudste zoon (de)	anak lelaki sulung	[ana' lelaki suluŋ]
broer (de)	saudara lelaki	[saudara lelaki]
oudere broer (de)	kakak lelaki	[kaka' lelaki]
jongere broer (de)	adik lelaki	[adi' lelaki]
zuster (de)	saudara perempuan	[saudara perempuan]
oudere zuster (de)	kakak perempuan	[kaka' perempuan]
jongere zuster (de)	adik perempuan	[adi' perempuan]
neef (zoon van oom, tante)	sepupu lelaki	[sepupu lelaki]
nicht (dochter van oom, tante)	sepupu perempuan	[sepupu perempuan]
mama (de)	mama, ibu	[mama], [ibu]
papa (de)	papa, ayah	[papa], [ajah]
ouders (mv.)	orang tua	[oraŋ tua]
kind (het)	anak	[ana']
kinderen (mv.)	anak-anak	[ana'-ana']
oma (de)	nenek	[nene']
opa (de)	kakek	[kake']

kleinzoon (de)	cucu laki-laki	[ʧuʧu laki-laki]
kleindochter (de)	cucu perempuan	[ʧuʧu pərempuan]
kleinkinderen (mv.)	cucu	[ʧuʧu]
oom (de)	paman	[paman]
tante (de)	bibi	[bibi]
neef (zoon van broer, zus)	keponakan laki-laki	[keponakan laki-laki]
nicht (dochter van broer ,zus)	keponakan perempuan	[keponakan pərempuan]
schoonmoeder (de)	ibu mertua	[ibu mertua]
schoonvader (de)	ayah mertua	[ajah mertua]
schoonzoon (de)	menantu laki-laki	[mənantu laki-laki]
stiefmoeder (de)	ibu tiri	[ibu tiri]
stiefvader (de)	ayah tiri	[ajah tiri]
zuigeling (de)	bayi	[baji]
wiegenkind (het)	bayi	[baji]
kleuter (de)	bocah cilik	[boʧah ʧiliʔ]
vrouw (de)	istri	[istri]
man (de)	suami	[suami]
echtgenoot (de)	suami	[suami]
echtgenote (de)	istri	[istri]
gehuwd (mann.)	menikah, beristri	[mənikah], [bəristri]
gehuwd (vrouw.)	menikah, bersuami	[mənikah], [bərsuami]
ongehuwd (mann.)	bujang	[budʒiaŋ]
vrijgezel (de)	bujang	[budʒiaŋ]
gescheiden (bn)	bercerai	[bərʧeraj]
weduwe (de)	janda	[dʒianda]
weduwnaar (de)	duda	[duda]
familielid (het)	kerabat	[kerabat]
dichte familielid (het)	kerabat dekat	[kerabat dekat]
verre familielid (het)	kerabat jauh	[kerabat dʒiauh]
familieleden (mv.)	kerabat, sanak saudara	[kerabat], [sanaʔ saudara]
wees (de), weeskind (het)	yatim piatu	[yatim piatu]
voogd (de)	wali	[wali]
adopteren (een jongen te ~)	mengadopsi	[məŋadopsi]
adopteren (een meisje te ~)	mengadopsi	[məŋadopsi]

53. Vrienden. Collega's

vriend (de)	sahabat	[sahabat]
vriendin (de)	sahabat	[sahabat]
vriendschap (de)	persahabatan	[pərsahabatan]
bevriend zijn (ww)	bersahabat	[bərsahabat]
makker (de)	teman	[teman]
vriendin (de)	teman	[teman]
partner (de)	mitra	[mitra]
chef (de)	atasan	[atasan]
baas (de)	atasan	[atasan]

eigenaar (de)	**pemilik**	[pemili']
ondergeschikte (de)	**bawahan**	[bawahan]
collega (de)	**kolega**	[kolega]
kennis (de)	**kenalan**	[kenalan]
medereiziger (de)	**rekan seperjalanan**	[rekan seperdʒalanan]
klasgenoot (de)	**teman sekelas**	[teman sekelas]
buurman (de)	**tetangga**	[tetaŋga]
buurvrouw (de)	**tetangga**	[tetaŋga]
buren (mv.)	**para tetangga**	[para tetaŋga]

54. Man. Vrouw

vrouw (de)	**perempuan, wanita**	[perempuan], [wanita]
meisje (het)	**gadis**	[gadis]
bruid (de)	**mempelai perempuan**	[mempelaj perempuan]
mooi(e) (vrouw, meisje)	**cantik**	[tʃanti']
groot, grote (vrouw, meisje)	**tinggi**	[tiŋgi]
slank(e) (vrouw, meisje)	**ramping**	[rampiŋ]
korte, kleine (vrouw, meisje)	**pendek**	[pende']
blondine (de)	**orang berambut pirang**	[oraŋ berambut piraŋ]
brunette (de)	**orang berambut cokelat**	[oraŋ berambut tʃokelat]
dames- (abn)	**wanita**	[wanita]
maagd (de)	**perawan**	[perawan]
zwanger (bn)	**hamil**	[hamil]
man (de)	**laki-laki, pria**	[laki-laki], [pria]
blonde man (de)	**orang berambut pirang**	[oraŋ berambut piraŋ]
bruinharige man (de)	**orang berambut cokelat**	[oraŋ berambut tʃokelat]
groot (bn)	**tinggi**	[tiŋgi]
klein (bn)	**pendek**	[pende']
onbeleefd (bn)	**kasar**	[kasar]
gedrongen (bn)	**kekar**	[kekar]
robuust (bn)	**tegap**	[tegap]
sterk (bn)	**kuat**	[kuat]
sterkte (de)	**kekuatan**	[kekuatan]
mollig (bn)	**gemuk**	[gemu']
getaand (bn)	**berkulit hitam**	[berkulit hitam]
slank (bn)	**ramping**	[rampiŋ]
elegant (bn)	**anggun**	[aŋgun]

55. Leeftijd

leeftijd (de)	**umur**	[umur]
jeugd (de)	**usia muda**	[usia muda]
jong (bn)	**muda**	[muda]

jonger (bn)	**lebih muda**	[lebih muda]
ouder (bn)	**lebih tua**	[lebih tua]
jongen (de)	**pemuda**	[pemuda]
tiener, adolescent (de)	**remaja**	[remadʒia]
kerel (de)	**cowok**	[tʃowoʔ]
oude man (de)	**lelaki tua**	[lelaki tua]
oude vrouw (de)	**perempuan tua**	[pərempuan tua]
volwassen (bn)	**dewasa**	[dewasa]
van middelbare leeftijd (bn)	**paruh baya**	[paruh baja]
bejaard (bn)	**lansia**	[lansia]
oud (bn)	**tua**	[tua]
pensioen (het)	**pensiun**	[pensiun]
met pensioen gaan	**pensiun**	[pensiun]
gepensioneerde (de)	**pensiunan**	[pensiunan]

56. Kinderen

kind (het)	**anak**	[anaʔ]
kinderen (mv.)	**anak-anak**	[anaʔ-anaʔ]
tweeling (de)	**kembar**	[kembar]
wieg (de)	**buaian**	[buajan]
rammelaar (de)	**ocehan**	[otʃehan]
luier (de)	**popok**	[popoʔ]
speen (de)	**dot**	[dot]
kinderwagen (de)	**kereta bayi**	[kereta baji]
kleuterschool (de)	**taman kanak-kanak**	[taman kanaʔ-kanaʔ]
babysitter (de)	**pengasuh anak**	[peŋasuh anaʔ]
kindertijd (de)	**masa kanak-kanak**	[masa kanaʔ-kanaʔ]
pop (de)	**boneka**	[boneka]
speelgoed (het)	**mainan**	[majnan]
bouwspeelgoed (het)	**alat permainan bongkah**	[alat pərmajnan boŋkah]
welopgevoed (bn)	**beradab**	[bəradab]
onopgevoed (bn)	**biadab**	[biadab]
verwend (bn)	**manja**	[mandʒia]
stout zijn (ww)	**nakal**	[nakal]
stout (bn)	**nakal**	[nakal]
stoutheid (de)	**kenakalan**	[kenakalan]
stouterd (de)	**anak nakal**	[anaʔ nakal]
gehoorzaam (bn)	**patuh**	[patuh]
ongehoorzaam (bn)	**tidak patuh**	[tidaʔ patuh]
braaf (bn)	**penurut**	[penurut]
slim (verstandig)	**pandai, pintar**	[pandaj], [pintar]
wonderkind (het)	**anak ajaib**	[anaʔ adʒiajb]

57. Gehuwde paren. Gezinsleven

kussen (een kus geven)	mencium	[mənʧium]
elkaar kussen (ww)	berciuman	[bərʧiuman]
gezin (het)	keluarga	[keluarga]
gezins- (abn)	keluarga	[keluarga]
paar (het)	pasangan	[pasaŋan]
huwelijk (het)	pernikahan	[pərnikahan]
thuis (het)	rumah tangga	[rumah taŋga]
dynastie (de)	dinasti	[dinasti]
date (de)	kencan	[kenʧan]
zoen (de)	ciuman	[ʧiuman]
liefde (de)	cinta	[ʧinta]
liefhebben (ww)	mencintai	[mənʧintaj]
geliefde (bn)	kekasih	[kekasih]
tederheid (de)	kelembutan	[kelembutan]
teder (bn)	lembut	[lembut]
trouw (de)	kesetiaan	[kesetiaʔan]
trouw (bn)	setia	[setia]
zorg (bijv. bejaarden~)	perhatian	[pərhatian]
zorgzaam (bn)	penuh perhatian	[penuh pərhatian]
jonggehuwden (mv.)	pengantin baru	[peɲantin baru]
wittebroodsweken (mv.)	bulan madu	[bulan madu]
trouwen (vrouw)	menikah, bersuami	[mənikah], [bərsuami]
trouwen (man)	menikah, beristri	[mənikah], [bəristri]
bruiloft (de)	pernikahan	[pərnikahan]
gouden bruiloft (de)	pernikahan emas	[pərnikahan emas]
verjaardag (de)	hari jadi, HUT	[hari ʤadi], [ha-u-te]
minnaar (de)	pria idaman lain	[pria idaman lajn]
minnares (de)	wanita idaman lain	[wanita idaman lajn]
overspel (het)	perselingkuhan	[pərseliŋkuhan]
overspel plegen (ww)	berselingkuh dari ...	[bərseliŋkuh dari ...]
jaloers (bn)	cemburu	[ʧemburu]
jaloers zijn (echtgenoot, enz.)	cemburu	[ʧemburu]
echtscheiding (de)	perceraian	[pərʧerajan]
scheiden (ww)	bercerai	[bərʧeraj]
ruzie hebben (ww)	bertengkar	[bərteŋkar]
vrede sluiten (ww)	berdamai	[bərdamaj]
samen (bw)	bersama	[bərsama]
seks (de)	seks	[seks]
geluk (het)	kebahagiaan	[kebahagiaʔan]
gelukkig (bn)	berbahagia	[bərbahagia]
ongeluk (het)	kemalangan	[kemalaŋan]
ongelukkig (bn)	malang	[malaŋ]

Karakter. Gevoelens. Emoties

58. Gevoelens. Emoties

gevoel (het)	perasaan	[pərasa'an]
gevoelens (mv.)	perasaan	[pərasa'an]
voelen (ww)	merasa	[merasa]
honger (de)	kelaparan	[kelaparan]
honger hebben (ww)	lapar	[lapar]
dorst (de)	kehausan	[kehausan]
dorst hebben	haus	[haus]
slaperigheid (de)	kantuk	[kantu']
willen slapen	mengantuk	[məŋantu']
moeheid (de)	rasa lelah	[rasa lelah]
moe (bn)	lelah	[lelah]
vermoeid raken (ww)	lelah	[lelah]
stemming (de)	suasana hati	[suasana hati]
verveling (de)	kebosanan	[kebosanan]
zich vervelen (ww)	bosan	[bosan]
afzondering (de)	kesendirian	[kesendirian]
zich afzonderen (ww)	menyendiri	[mənjendiri]
bezorgd maken (ww)	membuat khawatir	[membuat hawatir]
zich bezorgd maken	khawatir	[hawatir]
zorg (bijv. geld~en)	kekhawatiran	[kehawatiran]
ongerustheid (de)	kegelisahan	[kegelisahan]
ongerust (bn)	prihatin	[prihatin]
zenuwachtig zijn (ww)	gugup, gelisah	[gugup], [gelisah]
in paniek raken	panik	[pani']
hoop (de)	harapan	[harapan]
hopen (ww)	berharap	[bərharap]
zekerheid (de)	kepastian	[kepastian]
zeker (bn)	pasti	[pasti]
onzekerheid (de)	ketidakpastian	[ketidakpastian]
onzeker (bn)	tidak pasti	[tida' pasti]
dronken (bn)	mabuk	[mabu']
nuchter (bn)	sadar, tidak mabuk	[sadar], [tida' mabu']
zwak (bn)	lemah	[lemah]
gelukkig (bn)	berbahagia	[bərbahagia]
doen schrikken (ww)	menakuti	[mənakuti]
toorn (de)	kemarahan	[kemarahan]
woede (de)	kemarahan	[kemarahan]
depressie (de)	depresi	[depresi]
ongemak (het)	ketidaknyamanan	[ketidaknjamanan]

gemak, comfort (het)	kenyamanan	[kenjamanan]
spijt hebben (ww)	menyesal	[mənjesal]
spijt (de)	penyesalan	[penjesalan]
pech (de)	kesialan	[kesialan]
bedroefdheid (de)	kekesalan	[kekesalan]

schaamte (de)	rasa malu	[rasa malu]
pret (de), plezier (het)	kegirangan	[kegiraŋan]
enthousiasme (het)	antusiasme	[antusiasme]
enthousiasteling (de)	antusias	[antusias]
enthousiasme vertonen	memperlihatkan antusiasme	[memperlihatkan antusiasme]

59. Karakter. Persoonlijkheid

karakter (het)	watak	[wataʔ]
karakterfout (de)	kepincangan	[kepintʃaŋan]
verstand (het)	otak	[otaʔ]
rede (de)	akal	[akal]

geweten (het)	nurani	[nurani]
gewoonte (de)	kebiasaan	[kebiasaʔan]
bekwaamheid (de)	kemampuan, bakat	[kemampuan], [bakat]
kunnen (bijv., ~ zwemmen)	dapat	[dapat]

geduldig (bn)	sabar	[sabar]
ongeduldig (bn)	tidak sabar	[tidaʔ sabar]
nieuwsgierig (bn)	ingin tahu	[iŋin tahu]
nieuwsgierigheid (de)	rasa ingin tahu	[rasa iŋin tahu]

bescheidenheid (de)	kerendahan hati	[kerendahan hati]
bescheiden (bn)	rendah hati	[rendah hati]
onbescheiden (bn)	tidak tahu malu	[tidaʔ tahu malu]

luiheid (de)	kemalasan	[kemalasan]
lui (bn)	malas	[malas]
luiwammes (de)	pemalas	[pemalas]

sluwheid (de)	kelicikan	[kelitʃikan]
sluw (bn)	licik	[litʃiʔ]
wantrouwen (het)	ketidakpercayaan	[ketidakpertʃajaʔan]
wantrouwig (bn)	tidak percaya	[tidaʔ pertʃaja]

gulheid (de)	kemurahan hati	[kemurahan hati]
gul (bn)	murah hati	[murah hati]
talentrijk (bn)	berbakat	[berbakat]
talent (het)	bakat	[bakat]

moedig (bn)	berani	[berani]
moed (de)	keberanian	[keberanian]
eerlijk (bn)	jujur	[dʒˠudʒˠur]
eerlijkheid (de)	kejujuran	[kedʒˠudʒˠuran]
voorzichtig (bn)	berhati-hati	[berhati-hati]
manhaftig (bn)	berani	[berani]

| ernstig (bn) | serius | [serius] |
| streng (bn) | keras | [keras] |

resoluut (bn)	tegas	[tegas]
onzeker, irresoluut (bn)	ragu-ragu	[ragu-ragu]
schuchter (bn)	malu	[malu]
schuchterheid (de)	sifat pemalu	[sifat pemalu]

vertrouwen (het)	kepercayaan	[kepertʃaja'an]
vertrouwen (ww)	percaya	[pərtʃaja]
goedgelovig (bn)	mudah percaya	[mudah pərtʃaja]

oprecht (bw)	ikhlas	[ihlas]
oprecht (bn)	ikhlas	[ihlas]
oprechtheid (de)	keikhlasan	[keihlasan]
open (bn)	terbuka	[tərbuka]

rustig (bn)	tenang	[tenaŋ]
openhartig (bn)	terus terang	[terus təraŋ]
naïef (bn)	naif	[naif]
verstrooid (bn)	lalai	[lalaj]
leuk, grappig (bn)	lucu	[lutʃu]

gierigheid (de)	kerakusan	[kerakusan]
gierig (bn)	rakus	[rakus]
inhalig (bn)	pelit, kikir	[pelit], [kikir]
kwaad (bn)	jahat	[dʒʲahat]
koppig (bn)	keras kepala, degil	[keras kepala], [degil]
onaangenaam (bn)	tidak menyenangkan	[tida' menjenaŋkan]

egoïst (de)	egois	[egois]
egoïstisch (bn)	egoistis	[egoistis]
lafaard (de)	penakut	[penakut]
laf (bn)	penakut	[penakut]

60. Slaap. Dromen

slapen (ww)	tidur	[tidur]
slaap (in ~ vallen)	tidur	[tidur]
droom (de)	mimpi	[mimpi]
dromen (in de slaap)	bermimpi	[bərmimpi]
slaperig (bn)	mengantuk	[məŋantu']

bed (het)	ranjang	[randʒʲaŋ]
matras (de)	kasur	[kasur]
deken (de)	selimut	[selimut]
kussen (het)	bantal	[bantal]
laken (het)	seprai	[sepraj]

slapeloosheid (de)	insomnia	[insomnia]
slapeloos (bn)	tanpa tidur	[tanpa tidur]
slaapmiddel (het)	obat tidur	[obat tidur]
slaapmiddel innemen	meminum obat tidur	[meminum obat tidur]
willen slapen	mengantuk	[məŋantu']

geeuwen (ww)	menguap	[məŋuap]
gaan slapen	tidur	[tidur]
het bed opmaken	menyiapkan ranjang	[mənjiapkan randʒian]
inslapen (ww)	tertidur	[tərtidur]

nachtmerrie (de)	mimpi buruk	[mimpi buru']
gesnurk (het)	dengkuran	[deŋkuran]
snurken (ww)	berdengkur	[bərdeŋkur]

wekker (de)	weker	[weker]
wekken (ww)	membangunkan	[membaŋunkan]
wakker worden (ww)	bangun	[baŋun]
opstaan (ww)	bangun	[baŋun]
zich wassen (ww)	mencuci muka	[məntʃutʃi muka]

61. Humor. Gelach. Blijdschap

humor (de)	humor	[humor]
gevoel (het) voor humor	rasa humor	[rasa humor]
plezier hebben (ww)	bersukaria	[bərsukaria]
vrolijk (bn)	riang, gembira	[rian], [gembira]
pret (de), plezier (het)	keriangan, kegembiraan	[kerianan], [kegembira'an]

glimlach (de)	senyuman	[senyuman]
glimlachen (ww)	tersenyum	[tərsenyum]
beginnen te lachen (ww)	tertawa	[tərtawa]
lachen (ww)	tertawa	[tərtawa]
lach (de)	gelak tawa	[gela' tawa]

mop (de)	anekdot, lelucon	[anekdot], [lelutʃon]
grappig (een ~ verhaal)	lucu	[lutʃu]
grappig (~e clown)	lucu	[lutʃu]

grappen maken (ww)	bergurau	[bərgurau]
grap (de)	lelucon	[lelutʃon]
blijheid (de)	kegembiraan	[kegembira'an]
blij zijn (ww)	bergembira	[bərgembira]
blij (bn)	gembira	[gembira]

62. Discussie, conversatie. Deel 1

| communicatie (de) | komunikasi | [komunikasi] |
| communiceren (ww) | berkomunikasi | [bərkomunikasi] |

conversatie (de)	pembicaraan	[pembitʃara'an]
dialoog (de)	dialog	[dialog]
discussie (de)	diskusi	[diskusi]
debat (het)	perdebatan	[perdebatan]
debatteren, twisten (ww)	berdebat	[bərdebat]

| gesprekspartner (de) | lawan bicara | [lawan bitʃara] |
| thema (het) | topik, tema | [topik], [tema] |

standpunt (het)	**sudut pandang**	[sudut pandaŋ]
mening (de)	**opini, pendapat**	[opini], [pendapat]
toespraak (de)	**pidato, tuturan**	[pidato], [tuturan]
bespreking (de)	**pembicaraan**	[pembitʃaraʔan]
bespreken (spreken over)	**membicarakan**	[membitʃarakan]
gesprek (het)	**pembicaraan**	[pembitʃaraʔan]
spreken (converseren)	**berbicara**	[bərbitʃara]
ontmoeting (de)	**pertemuan**	[pərtemuan]
ontmoeten (ww)	**bertemu**	[bərtemu]
spreekwoord (het)	**peribahasa**	[pəribahasa]
gezegde (het)	**peribahasa**	[pəribahasa]
raadsel (het)	**teka-teki**	[teka-teki]
een raadsel opgeven	**memberi teka-teki**	[memberi teka-teki]
wachtwoord (het)	**kata sandi**	[kata sandi]
geheim (het)	**rahasia**	[rahasia]
eed (de)	**sumpah**	[sumpah]
zweren (een eed doen)	**bersumpah**	[bərsumpah]
belofte (de)	**janji**	[dʒˡandʒi]
beloven (ww)	**berjanji**	[bərdʒˡandʒi]
advies (het)	**nasihat**	[nasihat]
adviseren (ww)	**menasihati**	[mənasihati]
advies volgen (iemands ~)	**mengikuti nasihat**	[məŋikuti nasihat]
luisteren (gehoorzamen)	**mendengar …**	[məndeŋar …]
nieuws (het)	**berita**	[berita]
sensatie (de)	**sensasi**	[sensasi]
informatie (de)	**data, informasi**	[data], [informasi]
conclusie (de)	**kesimpulan**	[kesimpulan]
stem (de)	**suara**	[suara]
compliment (het)	**pujian**	[pudʒian]
vriendelijk (bn)	**ramah**	[ramah]
woord (het)	**kata**	[kata]
zin (de), zinsdeel (het)	**frasa**	[frasa]
antwoord (het)	**jawaban**	[dʒˡawaban]
waarheid (de)	**kebenaran**	[kebenaran]
leugen (de)	**kebohongan**	[kebohoŋan]
gedachte (de)	**pikiran**	[pikiran]
idee (de/het)	**ide**	[ide]
fantasie (de)	**fantasi**	[fantasi]

63. Discussie, conversatie. Deel 2

gerespecteerd (bn)	**terhormat**	[tərhormat]
respecteren (ww)	**menghormati**	[məŋhormati]
respect (het)	**penghormatan**	[peŋhormatan]
Geachte … (brief)	**Yth. … (Yang Terhormat)**	[yaŋ tərhormat]
voorstellen (Mag ik jullie ~)	**memperkenalkan**	[memperkenalkan]

kennismaken (met …)	berkenalan	[bərkenalan]
intentie (de)	niat	[niat]
intentie hebben (ww)	berniat	[bərniat]
wens (de)	pengharapan	[peŋharapan]
wensen (ww)	mengharapkan	[məŋharapkan]
verbazing (de)	keheranan	[keheranan]
verbazen (verwonderen)	mengherankan	[məŋherankan]
verbaasd zijn (ww)	heran	[heran]
geven (ww)	memberi	[memberi]
nemen (ww)	mengambil	[məŋambil]
teruggeven (ww)	mengembalikan	[məŋembalikan]
retourneren (ww)	mengembalikan	[məŋembalikan]
zich verontschuldigen	meminta maaf	[meminta maʔaf]
verontschuldiging (de)	permintaan maaf	[pərmintaʔan maʔaf]
vergeven (ww)	memaafkan	[memaʔafkan]
spreken (ww)	berbicara	[bərbitʃara]
luisteren (ww)	mendengarkan	[məndeŋarkan]
aanhoren (ww)	mendengar	[məndeŋar]
begrijpen (ww)	mengerti	[məŋerti]
tonen (ww)	menunjukkan	[mənundʒ'uʔkan]
kijken naar …	melihat …	[melihat …]
roepen (vragen te komen)	memanggil	[memaŋgil]
afleiden (storen)	mengganggu	[məŋgaŋgu]
storen (lastigvallen)	mengganggu	[məŋgaŋgu]
doorgeven (ww)	menyampaikan	[mənjampajkan]
verzoek (het)	permintaan	[pərmintaʔan]
verzoeken (ww)	meminta	[meminta]
eis (de)	tuntutan	[tuntutan]
eisen (met klem vragen)	menuntut	[mənuntut]
beledigen (beledigende namen geven)	mengejek	[məŋedʒ'eʔ]
uitlachen (ww)	mencemooh	[məntʃemooh]
spot (de)	cemoohan	[tʃemoohan]
bijnaam (de)	nama panggilan	[nama paŋgilan]
zinspeling (de)	isyarat	[iʃarat]
zinspelen (ww)	mengisyaratkan	[məŋiʃaratkan]
impliceren (duiden op)	berarti	[bərarti]
beschrijving (de)	penggambaran	[peŋgambaran]
beschrijven (ww)	menggambarkan	[məŋgambarkan]
lof (de)	pujian	[pudʒian]
loven (ww)	memuji	[memudʒi]
teleurstelling (de)	kekecewaan	[keketʃewaʔan]
teleurstellen (ww)	mengecewakan	[mənetʃewakan]
teleurgesteld zijn (ww)	kecewa	[ketʃewa]
veronderstelling (de)	dugaan	[dugaʔan]
veronderstellen (ww)	menduga	[mənduga]

| waarschuwing (de) | **peringatan** | [pəriŋatan] |
| waarschuwen (ww) | **memperingatkan** | [memperiŋatkan] |

64. Discussie, conversatie. Deel 3

| aanpraten (ww) | **meyakinkan** | [meyakinkan] |
| kalmeren (kalm maken) | **menenangkan** | [mənenaŋkan] |

stilte (de)	**kebisuan**	[kebisuan]
zwijgen (ww)	**membisu**	[membisu]
fluisteren (ww)	**berbisik**	[bərbisi²]
gefluister (het)	**bisikan**	[bisikan]

| open, eerlijk (bw) | **terus terang** | [terus təraŋ] |
| volgens mij … | **menurut saya …** | [mənurut saja …] |

detail (het)	**detail, perincian**	[detajl], [pərintʃian]
gedetailleerd (bn)	**mendetail**	[məndetajl]
gedetailleerd (bw)	**dengan mendetail**	[deŋan mendetajl]

| hint (de) | **petunjuk** | [petundʒ'u²] |
| een hint geven | **memberi petunjuk** | [memberi petundʒ'u²] |

blik (de)	**melihat**	[melihat]
een kijkje nemen	**melihat**	[melihat]
strak (een ~ke blik)	**kaku**	[kaku]
knipperen (ww)	**berkedip**	[bərkedip]
knipogen (ww)	**mengedipkan mata**	[məŋedipkan mata]
knikken (ww)	**mengangguk**	[mənaŋgu²]

zucht (de)	**desah**	[desah]
zuchten (ww)	**mendesah**	[məndesah]
huiveren (ww)	**tersentak**	[tərsenta²]
gebaar (het)	**gerak tangan**	[gera² taŋan]
aanraken (ww)	**menyentuh**	[mənjentuh]
grijpen (ww)	**memegang**	[memegaŋ]
een schouderklopje geven	**menepuk**	[mənepu²]

Kijk uit!	**Awas! Hati-hati!**	[awas!], [hati-hati!]
Echt?	**Sungguh?**	[suŋguh?]
Bent je er zeker van?	**Kamu yakin?**	[kamu yakin?]
Succes!	**Semoga behasil!**	[semoga behasil!]
Juist, ja!	**Begitu!**	[begitu!]
Wat jammer!	**Sayang sekali!**	[sajaŋ sekali!]

65. Overeenstemming. Weigering

instemming (het)	**persetujuan**	[pərsetudʒ'uan]
instemmen (akkoord gaan)	**setuju, ijin**	[setudʒ'u], [idʒin]
goedkeuring (de)	**persetujuan**	[pərsetudʒ'uan]
goedkeuren (ww)	**menyetujui**	[mənjetudʒ'ui]
weigering (de)	**penolakan**	[penolakan]

weigeren (ww)	menolak	[mənolaʔ]
Geweldig!	Bagus!	[bagus!]
Goed!	Baiklah! Baik!	[bajklah!], [bajʔ!]
Akkoord!	Baiklah! Baik!	[bajklah!], [bajʔ!]

verboden (bn)	larangan	[laraŋan]
het is verboden	dilarang	[dilaraŋ]
het is onmogelijk	mustahil	[mustahil]
onjuist (bn)	salah	[salah]

afwijzen (ww)	menolak	[mənolaʔ]
steunen	mendukung	[məndukuŋ]
(een goed doel, enz.)		
aanvaarden (excuses ~)	menerima	[mənerima]

bevestigen (ww)	mengonfirmasi	[məŋonfirmasi]
bevestiging (de)	konfirmasi	[konfirmasi]
toestemming (de)	izin	[izin]
toestaan (ww)	mengizinkan	[məŋizinkan]
beslissing (de)	keputusan	[keputusan]
z'n mond houden (ww)	membisu	[membisu]

voorwaarde (de)	syarat	[ʃarat]
smoes (de)	alasan, dalih	[alasan], [dalih]
lof (de)	pujian	[pudʒian]
loven (ww)	memuji	[memudʒi]

66. Succes. Veel geluk. Mislukking

succes (het)	sukses, berhasil	[sukses], [bərhasil]
succesvol (bw)	dengan sukses	[deŋan sukses]
succesvol (bn)	sukses, berhasil	[sukses], [bərhasil]

geluk (het)	keberuntungan	[keberuntuŋan]
Succes!	Semoga behasil!	[semoga behasil!]
geluks- (bn)	beruntung	[bəruntuŋ]
gelukkig (fortuinlijk)	beruntung	[bəruntuŋ]

mislukking (de)	kegagalan	[kegagalan]
tegenslag (de)	kesialan	[kesialan]
pech (de)	kesialan	[kesialan]
zonder succes (bn)	gagal	[gagal]
catastrofe (de)	gagal total	[gagal total]

fierheid (de)	kebanggaan	[kebaŋgaʔan]
fier (bn)	bangga	[baŋga]
fier zijn (ww)	bangga	[baŋga]

winnaar (de)	pemenang	[pemenaŋ]
winnen (ww)	menang	[menaŋ]
verliezen (ww)	kalah	[kalah]
poging (de)	percobaan	[pertʃobaʔan]
pogen, proberen (ww)	mencoba	[məntʃoba]
kans (de)	kans, peluang	[kans], [peluaŋ]

67. Ruzies. Negatieve emoties

schreeuw (de)	teriakan	[təriakan]
schreeuwen (ww)	berteriak	[bərteria']
beginnen te schreeuwen	berteriak	[bərteria']
ruzie (de)	pertengkaran	[pərteŋkaran]
ruzie hebben (ww)	bertengkar	[bərteŋkar]
schandaal (het)	pertengkaran	[pərteŋkaran]
schandaal maken (ww)	bertengkar	[bərteŋkar]
conflict (het)	konflik	[konfli']
misverstand (het)	kesalahpahaman	[kesalahpahaman]
belediging (de)	penghinaan	[peŋhina'an]
beledigen	menghina	[məŋhina]
(met scheldwoorden)		
beledigd (bn)	terhina	[tərhina]
krenking (de)	perasaan tersinggung	[pərasa'an tərsiŋguŋ]
krenken (beledigen)	menyinggung	[mənjiŋguŋ]
gekwetst worden (ww)	tersinggung	[tərsiŋguŋ]
verontwaardiging (de)	kemarahan	[kemarahan]
verontwaardigd zijn (ww)	marah	[marah]
klacht (de)	komplain, pengaduan	[kompleyn], [peɲaduan]
klagen (ww)	mengeluh	[məŋeluh]
verontschuldiging (de)	permintaan maaf	[pərminta'an ma'af]
zich verontschuldigen	meminta maaf	[meminta ma'af]
excuus vragen	minta maaf	[minta ma'af]
kritiek (de)	kritik	[kriti']
bekritiseren (ww)	mengkritik	[məŋkriti']
beschuldiging (de)	tuduhan	[tuduhan]
beschuldigen (ww)	menuduh	[mənuduh]
wraak (de)	dendam	[dendam]
wreken (ww)	membalas dendam	[membalas dendam]
wraak nemen (ww)	membalas	[membalas]
minachting (de)	penghinaan	[peŋhina'an]
minachten (ww)	benci, membenci	[bentʃi], [membentʃi]
haat (de)	rasa benci	[rasa bentʃi]
haten (ww)	membenci	[membentʃi]
zenuwachtig (bn)	gugup, grogi	[gugup], [grogi]
zenuwachtig zijn (ww)	gugup, gelisah	[gugup], [gelisah]
boos (bn)	marah	[marah]
boos maken (ww)	membuat marah	[membuat marah]
vernedering (de)	penghinaan	[peŋhina'an]
vernederen (ww)	merendahkan	[merendahkan]
zich vernederen (ww)	merendahkan diri sendiri	[merendahkan diri sendiri]
schok (de)	keterkejutan	[keterkedʒʲutan]
schokken (ww)	mengejutkan	[məŋedʒʲutkan]

| onaangenaamheid (de) | kesulitan | [kesulitan] |
| onaangenaam (bn) | tidak menyenangkan | [tida' menjenaŋkan] |

vrees (de)	ketakutan	[ketakutan]
vreselijk (bijv. ~ onweer)	dahsyat	[dahʃat]
eng (bn)	menakutkan	[mənakutkan]
gruwel (de)	horor, ketakutan	[horor], [ketakutan]
vreselijk (~ nieuws)	buruk, parah	[buruk], [parah]

beginnen te beven	gemetar	[gemetar]
huilen (wenen)	menangis	[mənaŋis]
beginnen te huilen (wenen)	menangis	[mənaŋis]
traan (de)	air mata	[air mata]

schuld (~ geven aan)	kesalahan	[kesalahan]
schuldgevoel (het)	rasa bersalah	[rasa bərsalah]
schande (de)	aib	[aib]
protest (het)	protes	[protes]
stress (de)	stres	[stres]

storen (lastigvallen)	mengganggu	[məŋgaŋgu]
kwaad zijn (ww)	marah	[marah]
kwaad (bn)	marah	[marah]
beëindigen (een relatie ~)	menghentikan	[məɲhentikan]
vloeken (ww)	menyumpahi	[mənyumpahi]

schrikken (schrik krijgen)	takut	[takut]
slaan (iemand ~)	memukul	[memukul]
vechten (ww)	berkelahi	[bərkelahi]

regelen (conflict)	menyelesaikan	[mənjelesajkan]
ontevreden (bn)	tidak puas	[tida' puas]
woedend (bn)	garam	[garam]

| Dat is niet goed! | Tidak baik! | [tida' bai'!] |
| Dat is slecht! | Jelek! Buruk! | [dʒʲele'!], [buru'!] |

Geneeskunde

68. Ziekten

ziekte (de)	**penyakit**	[penjakit]
ziek zijn (ww)	**sakit**	[sakit]
gezondheid (de)	**kesehatan**	[kesehatan]
snotneus (de)	**hidung meler**	[hiduŋ meler]
angina (de)	**radang tonsil**	[radaŋ tonsil]
verkoudheid (de)	**pilek, selesma**	[pilek], [selesma]
verkouden raken (ww)	**masuk angin**	[masuʔ aŋin]
bronchitis (de)	**bronkitis**	[bronkitis]
longontsteking (de)	**radang paru-paru**	[radaŋ paru-paru]
griep (de)	**flu**	[flu]
bijziend (bn)	**rabun jauh**	[rabun dʒʲauh]
verziend (bn)	**rabun dekat**	[rabun dekat]
scheelheid (de)	**mata juling**	[mata dʒʲuliŋ]
scheel (bn)	**bermata juling**	[bərmata dʒʲuliŋ]
grauwe staar (de)	**katarak**	[kataraʔ]
glaucoom (het)	**glaukoma**	[glaukoma]
beroerte (de)	**stroke**	[stroke]
hartinfarct (het)	**infark**	[infarʔ]
myocardiaal infarct (het)	**serangan jantung**	[seraŋan dʒʲantuŋ]
verlamming (de)	**kelumpuhan**	[kelumpuhan]
verlammen (ww)	**melumpuhkan**	[melumpuhkan]
allergie (de)	**alergi**	[alergi]
astma (de/het)	**asma**	[asma]
diabetes (de)	**diabetes**	[diabetes]
tandpijn (de)	**sakit gigi**	[sakit gigi]
tandbederf (het)	**karies**	[karies]
diarree (de)	**diare**	[diare]
constipatie (de)	**konstipasi, sembelit**	[konstipasi], [sembelit]
maagstoornis (de)	**gangguan pencernaan**	[gaŋuan pentʃarnaʔan]
voedselvergiftiging (de)	**keracunan makanan**	[keratʃunan makanan]
voedselvergiftiging oplopen	**keracunan makanan**	[keratʃunan makanan]
artritis (de)	**artritis**	[artritis]
rachitis (de)	**rakitis**	[rakitis]
reuma (het)	**rematik**	[rematiʔ]
arteriosclerose (de)	**aterosklerosis**	[aterosklerosis]
gastritis (de)	**radang perut**	[radaŋ pərut]
blindedarmontsteking (de)	**apendisitis**	[apendisitis]

galblaasontsteking (de)	**radang pundi empedu**	[radaŋ pundi empedu]
zweer (de)	**tukak lambung**	[tuka' lambuŋ]
mazelen (mv.)	**penyakit campak**	[penjakit ʧampa']
rodehond (de)	**penyakit campak Jerman**	[penjakit ʧampa' ʤˈerman]
geelzucht (de)	**sakit kuning**	[sakit kuniŋ]
leverontsteking (de)	**hepatitis**	[hepatitis]
schizofrenie (de)	**skizofrenia**	[skizofrenia]
dolheid (de)	**rabies**	[rabies]
neurose (de)	**neurosis**	[neurosis]
hersenschudding (de)	**gegar otak**	[gegar ota']
kanker (de)	**kanker**	[kanker]
sclerose (de)	**sklerosis**	[sklerosis]
multiple sclerose (de)	**sklerosis multipel**	[sklerosis multipel]
alcoholisme (het)	**alkoholisme**	[alkoholisme]
alcoholicus (de)	**alkoholik**	[alkoholi']
syfilis (de)	**sifilis**	[sifilis]
AIDS (de)	**AIDS**	[ajds]
tumor (de)	**tumor**	[tumor]
kwaadaardig (bn)	**ganas**	[ganas]
goedaardig (bn)	**jinak**	[ʤina']
koorts (de)	**demam**	[demam]
malaria (de)	**malaria**	[malaria]
gangreen (het)	**gangren**	[gaŋren]
zeeziekte (de)	**mabuk laut**	[mabu' laut]
epilepsie (de)	**epilepsi**	[epilepsi]
epidemie (de)	**epidemi**	[epidemi]
tyfus (de)	**tifus**	[tifus]
tuberculose (de)	**tuberkulosis**	[tuberkulosis]
cholera (de)	**kolera**	[kolera]
pest (de)	**penyakit pes**	[penjakit pes]

69. Symptomen. Behandelingen. Deel 1

symptoom (het)	**gejala**	[gedʒˈala]
temperatuur (de)	**temperatur, suhu**	[temperatur], [suhu]
verhoogde temperatuur (de)	**temperatur tinggi**	[temperatur tiŋgi]
polsslag (de)	**denyut nadi**	[denyut nadi]
duizeling (de)	**rasa pening**	[rasa peniŋ]
heet (erg warm)	**panas**	[panas]
koude rillingen (mv.)	**menggigil**	[məŋgigil]
bleek (bn)	**pucat**	[puʧat]
hoest (de)	**batuk**	[batu']
hoesten (ww)	**batuk**	[batu']
niezen (ww)	**bersin**	[bersin]
flauwte (de)	**pingsan**	[piŋsan]

flauwvallen (ww)	jatuh pingsan	[dʒatuh piŋsan]
blauwe plek (de)	luka memar	[luka memar]
buil (de)	bengkak	[beŋka']
zich stoten (ww)	terantuk	[terantu']
kneuzing (de)	luka memar	[luka memar]
kneuzen (gekneusd zijn)	kena luka memar	[kena luka memar]

hinken (ww)	pincang	[pintʃaŋ]
verstuiking (de)	keseleo	[keseleo]
verstuiken (enkel, enz.)	keseleo	[keseleo]
breuk (de)	fraktura, patah tulang	[fraktura], [patah tulaŋ]
een breuk oplopen	patah tulang	[patah tulaŋ]

snijwond (de)	teriris	[teriris]
zich snijden (ww)	teriris	[teriris]
bloeding (de)	perdarahan	[perdarahan]

| brandwond (de) | luka bakar | [luka bakar] |
| zich branden (ww) | menderita luka bakar | [menderita luka bakar] |

prikken (ww)	menusuk	[menusu']
zich prikken (ww)	tertusuk	[tertusu']
blesseren (ww)	melukai	[melukaj]
blessure (letsel)	cedera	[tʃedera]
wond (de)	luka	[luka]
trauma (het)	trauma	[trauma]

IJlen (ww)	mengigau	[meŋigau]
stotteren (ww)	gagap	[gagap]
zonnesteek (de)	sengatan matahari	[seŋatan matahari]

70. Symptomen. Behandelingen. Deel 2

| pijn (de) | sakit | [sakit] |
| splinter (de) | selumbar | [selumbar] |

zweet (het)	keringat	[keriŋat]
zweten (ww)	berkeringat	[berkeriŋat]
braking (de)	muntah	[muntah]
stuiptrekkingen (mv.)	kram	[kram]

zwanger (bn)	hamil	[hamil]
geboren worden (ww)	lahir	[lahir]
geboorte (de)	persalinan	[persalinan]
baren (ww)	melahirkan	[melahirkan]
abortus (de)	aborsi	[aborsi]

ademhaling (de)	pernapasan	[pernapasan]
inademing (de)	tarikan napas	[tarikan napas]
uitademing (de)	napas keluar	[napas keluar]
uitademen (ww)	mengembuskan napas	[meŋembuskan napas]
inademen (ww)	menarik napas	[menari' napas]
invalide (de)	penderita cacat	[penderita tʃatʃat]
gehandicapte (de)	penderita cacat	[penderita tʃatʃat]

drugsverslaafde (de)	pecandu narkoba	[petʃandu narkoba]
doof (bn)	tunarungu	[tunaruŋu]
stom (bn)	tunawicara	[tunawitʃara]
doofstom (bn)	tunarungu-wicara	[tunaruŋu-witʃara]

krankzinnig (bn)	gila	[gila]
krankzinnige (man)	lelaki gila	[lelaki gila]
krankzinnige (vrouw)	perempuan gila	[pərempuan gila]
krankzinnig worden	menggila	[məŋgila]

gen (het)	gen	[gen]
immuniteit (de)	imunitas	[imunitas]
erfelijk (bn)	turun-temurun	[turun-temurun]
aangeboren (bn)	bawaan	[bawa'an]

virus (het)	virus	[virus]
microbe (de)	mikroba	[mikroba]
bacterie (de)	bakteri	[bakteri]
infectie (de)	infeksi	[infeksi]

71. Symptomen. Behandelingen. Deel 3

| ziekenhuis (het) | rumah sakit | [rumah sakit] |
| patiënt (de) | pasien | [pasien] |

diagnose (de)	diagnosis	[diagnosis]
genezing (de)	perawatan	[pərawatan]
medische behandeling (de)	pengobatan medis	[pəŋobatan medis]
onder behandeling zijn	berobat	[berobat]
behandelen (ww)	merawat	[merawat]
zorgen (zieken ~)	merawat	[merawat]
ziekenzorg (de)	pengasuhan	[pəŋasuhan]

operatie (de)	operasi, pembedahan	[operasi], [pembedahan]
verbinden (een arm ~)	membalut	[membalut]
verband (het)	pembalutan	[pembalutan]

vaccin (het)	vaksinasi	[vaksinasi]
inenten (vaccineren)	memvaksinasi	[memvaksinasi]
injectie (de)	suntikan	[suntikan]
een injectie geven	menyuntik	[mənyunti']

aanval (de)	serangan	[seraŋan]
amputatie (de)	amputasi	[amputasi]
amputeren (ww)	mengamputasi	[məŋamputasi]
coma (het)	koma	[koma]
in coma liggen	dalam keadaan koma	[dalam keada'an koma]
intensieve zorg, ICU (de)	perawatan intensif	[pərawatan intensif]

zich herstellen (ww)	sembuh	[sembuh]
toestand (de)	keadaan	[keada'an]
bewustzijn (het)	kesadaran	[kesadaran]
geheugen (het)	memori, daya ingat	[memori], [daja iŋat]
trekken (een kies ~)	mencabut	[məntʃabut]

vulling (de)	**tambalan**	[tambalan]
vullen (ww)	**menambal**	[mənambal]
hypnose (de)	**hipnosis**	[hipnosis]
hypnotiseren (ww)	**menghipnosis**	[məŋhipnosis]

72. Artsen

dokter, arts (de)	**dokter**	[dokter]
ziekenzuster (de)	**suster, juru rawat**	[suster], [dʒⁱuru rawat]
lijfarts (de)	**dokter pribadi**	[dokter pribadi]
tandarts (de)	**dokter gigi**	[dokter gigi]
oogarts (de)	**dokter mata**	[dokter mata]
therapeut (de)	**ahli penyakit dalam**	[ahli penjakit dalam]
chirurg (de)	**dokter bedah**	[dokter bedah]
psychiater (de)	**psikiater**	[psikiater]
pediater (de)	**dokter anak**	[dokter anaʔ]
psycholoog (de)	**psikolog**	[psikolog]
gynaecoloog (de)	**ginekolog**	[ginekolog]
cardioloog (de)	**kardiolog**	[kardiolog]

73. Geneeskunde. Medicijnen. Accessoires

geneesmiddel (het)	**obat**	[obat]
middel (het)	**obat**	[obat]
voorschrijven (ww)	**meresepkan**	[meresepkan]
recept (het)	**resep**	[resep]
tablet (de/het)	**pil, tablet**	[pil], [tablet]
zalf (de)	**salep**	[salep]
ampul (de)	**ampul**	[ampul]
drank (de)	**obat cair**	[obat tʃajr]
siroop (de)	**sirop**	[sirop]
pil (de)	**pil**	[pil]
poeder (de/het)	**bubuk**	[bubuʔ]
verband (het)	**perban**	[perban]
watten (mv.)	**kapas**	[kapas]
jodium (het)	**iodium**	[iodium]
pleister (de)	**plester obat**	[plester obat]
pipet (de)	**tetes mata**	[tetes mata]
thermometer (de)	**termometer**	[tərmometər]
spuit (de)	**alat suntik**	[alat suntiʔ]
rolstoel (de)	**kursi roda**	[kursi roda]
krukken (mv.)	**kruk**	[kruʔ]
pijnstiller (de)	**obat bius**	[obat bius]
laxeermiddel (het)	**laksatif, obat pencuci perut**	[laksatif], [obat pentʃutʃi pərut]

spiritus (de)	**spiritus, alkohol**	[spiritus], [alkohol]
medicinale kruiden (mv.)	**tanaman obat**	[tanaman obat]
kruiden- (abn)	**herbal**	[herbal]

74. Roken. Tabaksproducten

tabak (de)	**tembakau**	[tembakau]
sigaret (de)	**rokok**	[roko']
sigaar (de)	**cerutu**	[tʃerutu]
pijp (de)	**pipa**	[pipa]
pakje (~ sigaretten)	**bungkus**	[buŋkus]
lucifers (mv.)	**korek api**	[kore' api]
luciferdoosje (het)	**kotak korek api**	[kota' kore' api]
aansteker (de)	**pemantik**	[pemanti']
asbak (de)	**asbak**	[asba']
sigarettendoosje (het)	**selepa**	[selepa]
sigarettenpijpje (het)	**pemegang rokok**	[pemegaŋ roko']
filter (de/het)	**filter**	[filter]
roken (ww)	**merokok**	[meroko']
een sigaret opsteken	**menyulut rokok**	[menyulut roko']
roken (het)	**merokok**	[meroko']
roker (de)	**perokok**	[peroko']
peuk (de)	**puntung rokok**	[puntuŋ roko']
rook (de)	**asap**	[asap]
as (de)	**abu**	[abu]

HET MENSELIJKE LEEFGEBIED

Stad

75. Stad. Het leven in de stad

stad (de)	**kota**	[kota]
hoofdstad (de)	**ibu kota**	[ibu kota]
dorp (het)	**desa**	[desa]
plattegrond (de)	**peta kota**	[peta kota]
centrum (ov. een stad)	**pusat kota**	[pusat kota]
voorstad (de)	**pinggir kota**	[piŋgir kota]
voorstads- (abn)	**pinggir kota**	[piŋgir kota]
randgemeente (de)	**pinggir**	[piŋgir]
omgeving (de)	**daerah sekitarnya**	[daerah sekitarnja]
blok (huizenblok)	**blok**	[bloʔ]
woonwijk (de)	**blok perumahan**	[bloʔ pərumahan]
verkeer (het)	**lalu lintas**	[lalu lintas]
verkeerslicht (het)	**lampu lalu lintas**	[lampu lalu lintas]
openbaar vervoer (het)	**angkot**	[aŋkot]
kruispunt (het)	**persimpangan**	[pərsimpaŋan]
zebrapad (oversteekplaats)	**penyeberangan**	[penjeberaŋan]
onderdoorgang (de)	**terowongan**	[tərowoŋan
	penyeberangan	penjeberaŋan]
oversteken (de straat ~)	**menyeberang**	[mənjeberaŋ]
voetganger (de)	**pejalan kaki**	[pedʒʲalan kaki]
trottoir (het)	**trotoar**	[trotoar]
brug (de)	**jembatan**	[dʒʲembatan]
dijk (de)	**tepi sungai**	[tepi suŋaj]
fontein (de)	**air mancur**	[air mantʃur]
allee (de)	**jalan kecil**	[dʒʲalan ketʃil]
park (het)	**taman**	[taman]
boulevard (de)	**bulevar, adimarga**	[bulevar], [adimarga]
plein (het)	**lapangan**	[lapaŋan]
laan (de)	**jalan raya**	[dʒʲalan raja]
straat (de)	**jalan**	[dʒʲalan]
zijstraat (de)	**gang**	[gaŋ]
doodlopende straat (de)	**jalan buntu**	[dʒʲalan buntu]
huis (het)	**rumah**	[rumah]
gebouw (het)	**gedung**	[geduŋ]
wolkenkrabber (de)	**pencakar langit**	[pentʃakar laŋit]
gevel (de)	**bagian depan**	[bagian depan]

dak (het)	atap	[atap]
venster (het)	jendela	[dʒendela]
boog (de)	lengkungan	[leŋkuŋan]
pilaar (de)	pilar	[pilar]
hoek (ov. een gebouw)	sudut	[sudut]

vitrine (de)	etalase	[etalase]
gevelreclame (de)	papan nama	[papan nama]
affiche (de/het)	poster	[poster]
reclameposter (de)	poster iklan	[poster iklan]
aanplakbord (het)	papan iklan	[papan iklan]

vuilnis (de/het)	sampah	[sampah]
vuilnisbak (de)	tong sampah	[toŋ sampah]
afval weggooien (ww)	menyampah	[mənjampah]
stortplaats (de)	tempat pemrosesan akhir (TPA)	[tempat pemrosesan ahir]

telefooncel (de)	gardu telepon umum	[gardu telepon umum]
straatlicht (het)	tiang lampu	[tiaŋ lampu]
bank (de)	bangku	[baŋku]

politieagent (de)	polisi	[polisi]
politie (de)	polisi, kepolisian	[polisi], [kepolisian]
zwerver (de)	pengemis	[peŋemis]
dakloze (de)	tuna wisma	[tuna wisma]

76. Stedelijke instellingen

winkel (de)	toko	[toko]
apotheek (de)	apotek, toko obat	[apotek], [toko obat]
optiek (de)	optik	[optiʔ]
winkelcentrum (het)	toserba	[toserba]
supermarkt (de)	pasar swalayan	[pasar swalajan]

bakkerij (de)	toko roti	[toko roti]
bakker (de)	pembuat roti	[pembuat roti]
banketbakkerij (de)	toko kue	[toko kue]
kruidenier (de)	toko pangan	[toko paŋan]
slagerij (de)	toko daging	[toko dagiŋ]

| groentewinkel (de) | toko sayur | [toko sajur] |
| markt (de) | pasar | [pasar] |

koffiehuis (het)	warung kopi	[waruŋ kopi]
restaurant (het)	restoran	[restoran]
bar (de)	kedai bir	[kedaj bir]
pizzeria (de)	kedai piza	[kedaj piza]

kapperssalon (de/het)	salon rambut	[salon rambut]
postkantoor (het)	kantor pos	[kantor pos]
stomerij (de)	penatu kimia	[penatu kimia]
fotostudio (de)	studio foto	[studio foto]
schoenwinkel (de)	toko sepatu	[toko sepatu]

| boekhandel (de) | toko buku | [toko buku] |
| sportwinkel (de) | toko alat olahraga | [toko alat olahraga] |

kledingreparatie (de)	reparasi pakaian	[reparasi pakajan]
kledingverhuur (de)	rental pakaian	[rental pakajan]
videotheek (de)	rental film	[rental film]

circus (de/het)	sirkus	[sirkus]
dierentuin (de)	kebun binatang	[kebun binataŋ]
bioscoop (de)	bioskop	[bioskop]
museum (het)	museum	[museum]
bibliotheek (de)	perpustakaan	[pərpustaka'an]

theater (het)	teater	[teater]
opera (de)	opera	[opera]
nachtclub (de)	klub malam	[klub malam]
casino (het)	kasino	[kasino]

moskee (de)	masjid	[masdʒid]
synagoge (de)	sinagoga, kanisah	[sinagoga], [kanisah]
kathedraal (de)	katedral	[katedral]
tempel (de)	kuil, candi	[kuil], [tʃandi]
kerk (de)	gereja	[geredʒia]

instituut (het)	institut, perguruan tinggi	[institut], [perguruan tiŋgi]
universiteit (de)	universitas	[universitas]
school (de)	sekolah	[sekolah]

gemeentehuis (het)	prefektur, distrik	[prefektur], [distri']
stadhuis (het)	balai kota	[balaj kota]
hotel (het)	hotel	[hotel]
bank (de)	bank	[ban']

ambassade (de)	kedutaan besar	[keduta'an besar]
reisbureau (de)	kantor pariwisata	[kantor pariwisata]
informatieloket (het)	kantor penerangan	[kantor peneraŋan]
wisselkantoor (het)	kantor penukaran uang	[kantor penukaran uaŋ]

| metro (de) | kereta api bawah tanah | [kereta api bawah tanah] |
| ziekenhuis (het) | rumah sakit | [rumah sakit] |

| benzinestation (het) | SPBU, stasiun bensin | [es-pe-be-u], [stasjun bensin] |
| parking (de) | tempat parkir | [tempat parkir] |

77. Stedelijk vervoer

bus, autobus (de)	bus	[bus]
tram (de)	trem	[trem]
trolleybus (de)	bus listrik	[bus listri']
route (de)	trayek	[trae']
nummer (busnummer, enz.)	nomor	[nomor]

| rijden met ... | naik ... | [nai' ...] |
| stappen (in de bus ~) | naik | [nai'] |

afstappen (ww)	turun ...	[turun ...]
halte (de)	halte, pemberhentian	[halte], [pemberhentian]
volgende halte (de)	halte berikutnya	[halte berikutnja]
eindpunt (het)	halte terakhir	[halte terahir]
dienstregeling (de)	jadwal	[dʒjadwal]
wachten (ww)	menunggu	[mənuŋgu]
kaartje (het)	tiket	[tiket]
reiskosten (de)	harga karcis	[harga kartʃis]
kassier (de)	kasir	[kasir]
kaartcontrole (de)	pemeriksaan tiket	[pemeriksa'an tiket]
controleur (de)	kondektur	[kondektur]
te laat zijn (ww)	terlambat ...	[tərlambat ...]
missen (de bus ~)	ketinggalan	[ketiŋgalan]
zich haasten (ww)	tergesa-gesa	[tərgesa-gesa]
taxi (de)	taksi	[taksi]
taxichauffeur (de)	sopir taksi	[sopir taksi]
met de taxi (bw)	naik taksi	[nai' taksi]
taxistandplaats (de)	pangkalan taksi	[paŋkalan taksi]
een taxi bestellen	memanggil taksi	[memaŋgil taksi]
een taxi nemen	menaiki taksi	[mənajki taksi]
verkeer (het)	lalu lintas	[lalu lintas]
file (de)	kemacetan lalu lintas	[kematʃetan lalu lintas]
spitsuur (het)	jam sibuk	[dʒjam sibu']
parkeren (on.ww.)	parkir	[parkir]
parkeren (ov.ww.)	memarkir	[memarkir]
parking (de)	tempat parkir	[tempat parkir]
metro (de)	kereta api bawah tanah	[kereta api bawah tanah]
halte (bijv. kleine treinhalte)	stasiun	[stasiun]
de metro nemen	naik kereta	[nai' kereta
	api bawah tanah	api bawah tanah]
trein (de)	kereta api	[kereta api]
station (treinstation)	stasiun kereta api	[stasiun kereta api]

78. Bezienswaardigheden

monument (het)	monumen, patung	[monumen], [patuŋ]
vesting (de)	benteng	[benteŋ]
paleis (het)	istana	[istana]
kasteel (het)	kastil	[kastil]
toren (de)	menara	[mənara]
mausoleum (het)	mausoleum	[mausoleum]
architectuur (de)	arsitektur	[arsitektur]
middeleeuws (bn)	abad pertengahan	[abad pərteŋahan]
oud (bn)	kuno	[kuno]
nationaal (bn)	nasional	[nasional]
bekend (bn)	terkenal	[tərkenal]
toerist (de)	turis, wisatawan	[turis], [wisatawan]

gids (de)	pemandu wisata	[pemandu wisata]
rondleiding (de)	ekskursi	[ekskursi]
tonen (ww)	menunjukkan	[mənundʒʲuʔkan]
vertellen (ww)	menceritakan	[məntʃeritakan]

vinden (ww)	mendapatkan	[məndapatkan]
verdwalen (de weg kwijt zijn)	tersesat	[tərsesat]
plattegrond (~ van de metro)	denah	[denah]
plattegrond (~ van de stad)	peta	[peta]

souvenir (het)	suvenir	[suvenir]
souvenirwinkel (de)	toko suvenir	[toko suvenir]
een foto maken (ww)	memotret	[memotret]
zich laten fotograferen	berfoto	[bərfoto]

79. Winkelen

kopen (ww)	membeli	[membeli]
aankoop (de)	belanjaan	[belandʒʲaʔan]
winkelen (ww)	berbelanja	[bərbelandʒʲa]
winkelen (het)	berbelanja	[bərbelandʒʲa]

| open zijn (ov. een winkel, enz.) | buka | [buka] |
| gesloten zijn (ww) | tutup | [tutup] |

schoeisel (het)	sepatu	[sepatu]
kleren (mv.)	pakaian	[pakajan]
cosmetica (de)	kosmetik	[kosmetiʔ]
voedingswaren (mv.)	produk makanan	[produʔ makanan]
geschenk (het)	hadiah	[hadiah]

| verkoper (de) | pramuniaga | [pramuniaga] |
| verkoopster (de) | pramuniaga perempuan | [pramuniaga pərempuan] |

kassa (de)	kas	[kas]
spiegel (de)	cermin	[tʃermin]
toonbank (de)	konter	[konter]
paskamer (de)	kamar pas	[kamar pas]

aanpassen (ww)	mengepas	[məŋepas]
passen (ov. kleren)	pas, cocok	[pas], [tʃotʃoʔ]
bevallen (prettig vinden)	suka	[suka]

prijs (de)	harga	[harga]
prijskaartje (het)	label harga	[label harga]
kosten (ww)	berharga	[bərharga]
Hoeveel?	Berapa?	[bərapa?]
korting (de)	diskon	[diskon]

niet duur (bn)	tidak mahal	[tidaʔ mahal]
goedkoop (bn)	murah	[murah]
duur (bn)	mahal	[mahal]
Dat is duur.	Ini mahal	[ini mahal]

verhuur (de)	rental, persewaan	[rental], [pərsewa'an]
huren (smoking, enz.)	menyewa	[mənjewa]
krediet (het)	kredit	[kredit]
op krediet (bw)	secara kredit	[setʃara kredit]

80. Geld

geld (het)	uang	[uaŋ]
ruil (de)	pertukaran mata uang	[pertukaran mata uaŋ]
koers (de)	nilai tukar	[nilaj tukar]
geldautomaat (de)	Anjungan Tunai Mandiri, ATM	[andʒuŋan tunaj mandiri], [a-te-em]
muntstuk (de)	koin	[koin]
dollar (de)	dolar	[dolar]
euro (de)	euro	[euro]
lire (de)	lira	[lira]
Duitse mark (de)	Mark Jerman	[mar' dʒʲerman]
frank (de)	franc	[frantʃ]
pond sterling (het)	poundsterling	[paundsterliŋ]
yen (de)	yen	[yen]
schuld (geldbedrag)	utang	[utaŋ]
schuldenaar (de)	pengutang	[peŋutaŋ]
uitlenen (ww)	meminjamkan	[memindʒʲamkan]
lenen (geld ~)	meminjam	[memindʒʲam]
bank (de)	bank	[ban']
bankrekening (de)	rekening	[rekeniŋ]
storten (ww)	memasukkan	[memasu'kan]
op rekening storten	memasukkan ke rekening	[memasu'kan ke rekeniŋ]
opnemen (ww)	menarik uang	[menari' uaŋ]
kredietkaart (de)	kartu kredit	[kartu kredit]
baar geld (het)	uang kontan, uang tunai	[uaŋ kontan], [uaŋ tunaj]
cheque (de)	cek	[tʃe']
een cheque uitschrijven	menulis cek	[mənulis tʃe']
chequeboekje (het)	buku cek	[buku tʃe']
portefeuille (de)	dompet	[dompet]
geldbeugel (de)	dompet, pundi-pundi	[dompet], [pundi-pundi]
safe (de)	brankas	[brankas]
erfgenaam (de)	pewaris	[pewaris]
erfenis (de)	warisan	[warisan]
fortuin (het)	kekayaan	[kekaja'an]
huur (de)	sewa	[sewa]
huurprijs (de)	uang sewa	[uaŋ sewa]
huren (huis, kamer)	menyewa	[mənjewa]
prijs (de)	harga	[harga]
kostprijs (de)	harga	[harga]

som (de)	jumlah	[dʒ'umlah]
uitgeven (geld besteden)	menghabiskan	[mənhabiskan]
kosten (mv.)	ongkos	[oŋkos]
bezuinigen (ww)	menghemat	[mənhemat]
zuinig (bn)	hemat	[hemat]

betalen (ww)	membayar	[membajar]
betaling (de)	pembayaran	[pembajaran]
wisselgeld (het)	kembalian	[kembalian]

belasting (de)	pajak	[padʒ'a']
boete (de)	denda	[denda]
beboeten (bekeuren)	mendenda	[məndenda]

81. Post. Postkantoor

postkantoor (het)	kantor pos	[kantor pos]
post (de)	surat	[surat]
postbode (de)	tukang pos	[tukaŋ pos]
openingsuren (mv.)	jam buka	[dʒ'am buka]

brief (de)	surat	[surat]
aangetekende brief (de)	surat tercatat	[surat tərtʃatat]
briefkaart (de)	kartu pos	[kartu pos]
telegram (het)	telegram	[telegram]
postpakket (het)	parsel, paket pos	[parsel], [paket pos]
overschrijving (de)	wesel pos	[wesel pos]

ontvangen (ww)	menerima	[mənerima]
sturen (zenden)	mengirim	[məŋirim]
verzending (de)	pengiriman	[pəŋiriman]

adres (het)	alamat	[alamat]
postcode (de)	kode pos	[kode pos]
verzender (de)	pengirim	[pəŋirim]
ontvanger (de)	penerima	[penerima]

| naam (de) | nama | [nama] |
| achternaam (de) | nama keluarga | [nama keluarga] |

tarief (het)	tarif	[tarif]
standaard (bn)	biasa, standar	[biasa], [standar]
zuinig (bn)	ekonomis	[ekonomis]

gewicht (het)	berat	[berat]
afwegen (op de weegschaal)	menimbang	[mənimbaŋ]
envelop (de)	amplop	[amplop]
postzegel (de)	prangko	[praŋko]
een postzegel plakken op	menempelkan prangko	[mənempelkan praŋko]

Woning. Huis. Thuis

82. Huis. Woning

huis (het)	rumah	[rumah]
thuis (bw)	di rumah	[di rumah]
cour (de)	pekarangan	[pekaraŋan]
omheining (de)	pagar	[pagar]
baksteen (de)	bata, batu bata	[bata], [batu bata]
van bakstenen	bata, batu bata	[bata], [batu bata]
steen (de)	batu	[batu]
stenen (bn)	batu	[batu]
beton (het)	beton	[beton]
van beton	beton	[beton]
nieuw (bn)	baru	[baru]
oud (bn)	tua	[tua]
vervallen (bn)	reyot	[reyot]
modern (bn)	modern	[modern]
met veel verdiepingen	susun	[susun]
hoog (bn)	tinggi	[tiŋgi]
verdieping (de)	lantai	[lantaj]
met een verdieping	berlantai satu	[bərlantaj satu]
laagste verdieping (de)	lantai bawah	[lantaj bawah]
bovenverdieping (de)	lantai atas	[lantaj atas]
dak (het)	atap	[atap]
schoorsteen (de)	cerobong	[tʃeroboŋ]
dakpan (de)	genting	[gentiŋ]
pannen- (abn)	bergenting	[bərgentiŋ]
zolder (de)	loteng	[loteŋ]
venster (het)	jendela	[dʒʲendela]
glas (het)	kaca	[katʃa]
vensterbank (de)	ambang jendela	[ambaŋ dʒʲendela]
luiken (mv.)	daun jendela	[daun dʒʲendela]
muur (de)	dinding	[dindiŋ]
balkon (het)	balkon	[balkon]
regenpijp (de)	pipa talang	[pipa talaŋ]
boven (bw)	di atas	[di atas]
naar boven gaan (ww)	naik	[naiʔ]
afdalen (on.ww.)	turun	[turun]
verhuizen (ww)	pindah	[pindah]

83. Huis. Ingang. Lift

ingang (de)	pintu masuk	[pintu masuʔ]
trap (de)	tangga	[taŋga]
treden (mv.)	anak tangga	[anaʔ taŋga]
trapleuning (de)	pegangan tangan	[pegaŋan taŋan]
hal (de)	lobi, ruang depan	[lobi], [ruaŋ depan]
postbus (de)	kotak pos	[kotaʔ pos]
vuilnisbak (de)	tong sampah	[toŋ sampah]
vuilniskoker (de)	saluran pembuangan sampah	[saluran pembuaŋan sampah]
lift (de)	elevator	[elevator]
goederenlift (de)	lift barang	[lift baraŋ]
liftcabine (de)	kabin lift	[kabin lift]
de lift nemen	naik elevator	[naiʔ elevator]
appartement (het)	apartemen	[apartemen]
bewoners (mv.)	penghuni	[peɲhuni]
buurman (de)	tetangga	[tetaŋga]
buurvrouw (de)	tetangga	[tetaŋga]
buren (mv.)	para tetangga	[para tetaŋga]

84. Huis. Deuren. Sloten

deur (de)	pintu	[pintu]
toegangspoort (de)	pintu gerbang	[pintu gerbaŋ]
deurkruk (de)	gagang pintu	[gagaŋ pintu]
ontsluiten (ontgrendelen)	membuka kunci	[membuka kuntʃi]
openen (ww)	membuka	[membuka]
sluiten (ww)	menutup	[menutup]
sleutel (de)	kunci	[kuntʃi]
sleutelbos (de)	serangkaian kunci	[seraŋkajan kuntʃi]
knarsen (bijv. scharnier)	bergerit	[bergerit]
knarsgeluid (het)	gerit	[gerit]
scharnier (het)	engsel	[eŋsel]
deurmat (de)	tikar	[tikar]
slot (het)	kunci pintu	[kuntʃi pintu]
sleutelgat (het)	lubang kunci	[lubaŋ kuntʃi]
grendel (de)	gerendel	[gerendel]
schuif (de)	gerendel	[gerendel]
hangslot (het)	gembok	[gemboʔ]
aanbellen (ww)	membunyikan	[membunjikan]
bel (geluid)	dering	[deriŋ]
deurbel (de)	bel	[bel]
belknop (de)	kenop	[kenop]
geklop (het)	ketukan	[ketukan]
kloppen (ww)	mengetuk	[meŋetuʔ]

code (de)	**kode**	[kode]
cijferslot (het)	**gembok berkode**	[gembo' berkode]
parlofoon (de)	**interkom**	[interkom]
nummer (het)	**nomor**	[nomor]
naambordje (het)	**papan tanda**	[papan tanda]
deurspion (de)	**lubang intip**	[lubaŋ intip]

85. Huis op het platteland

dorp (het)	**desa**	[desa]
moestuin (de)	**kebun sayur**	[kebun sajur]
hek (het)	**pagar**	[pagar]
houten hekwerk (het)	**pagar**	[pagar]
tuinpoortje (het)	**pintu pagar**	[pintu pagar]
graanschuur (de)	**lumbung**	[lumbuŋ]
wortelkelder (de)	**kelder**	[kelder]
schuur (de)	**gubuk**	[gubu']
waterput (de)	**sumur**	[sumur]
kachel (de)	**tungku**	[tuŋku]
de kachel stoken	**menyalakan tungku**	[mənjalakan tuŋku]
brandhout (het)	**kayu bakar**	[kaju bakar]
houtblok (het)	**potongan kayu bakar**	[potoŋan kaju bakar]
veranda (de)	**beranda**	[beranda]
terras (het)	**teras**	[teras]
bordes (het)	**anjungan depan**	[andʒiuŋan depan]
schommel (de)	**ayunan**	[ajunan]

86. Kasteel. Paleis

kasteel (het)	**kastil**	[kastil]
paleis (het)	**istana**	[istana]
vesting (de)	**benteng**	[benteŋ]
ringmuur (de)	**tembok**	[tembo']
toren (de)	**menara**	[mənara]
donjon (de)	**menara utama**	[mənara utama]
valhek (het)	**jeruji pintu kota**	[dʒierudʒi pintu kota]
onderaardse gang (de)	**jalan bawah tanah**	[dʒialan bawah tanah]
slotgracht (de)	**parit**	[parit]
ketting (de)	**rantai**	[rantaj]
schietgat (het)	**laras panah, lop panah**	[laras panah], [lop panah]
prachtig (bn)	**megah**	[megah]
majestueus (bn)	**megah sekali**	[megah sekali]
onneembaar (bn)	**sulit dicapai**	[sulit ditʃapaj]
middeleeuws (bn)	**abad pertengahan**	[abad perteŋahan]

87. Appartement

appartement (het)	**apartemen**	[apartemen]
kamer (de)	**kamar**	[kamar]
slaapkamer (de)	**kamar tidur**	[kamar tidur]
eetkamer (de)	**ruang makan**	[ruaŋ makan]
salon (de)	**ruang tamu**	[ruaŋ tamu]
studeerkamer (de)	**ruang kerja**	[ruaŋ kerdʒ'a]
gang (de)	**ruang depan**	[ruaŋ depan]
badkamer (de)	**kamar mandi**	[kamar mandi]
toilet (het)	**kamar kecil**	[kamar ketʃil]
plafond (het)	**plafon, langit-langit**	[plafon], [laŋit-laŋit]
vloer (de)	**lantai**	[lantaj]
hoek (de)	**sudut**	[sudut]

88. Appartement. Schoonmaken

schoonmaken (ww)	**membereskan**	[membereskan]
opbergen (in de kast, enz.)	**meletakkan**	[meleta'kan]
stof (het)	**debu**	[debu]
stoffig (bn)	**debu**	[debu]
stoffen (ww)	**menyapu debu**	[mənjapu debu]
stofzuiger (de)	**pengisap debu**	[peŋisap debu]
stofzuigen (ww)	**membersihkan dengan pengisap debu**	[membersihkan deŋan peŋisap debu]
vegen (de vloer ~)	**menyapu**	[mənjapu]
veegsel (het)	**sampah**	[sampah]
orde (de)	**kerapian**	[kerapian]
wanorde (de)	**berantakan**	[bərantakan]
zwabber (de)	**kain pel**	[kain pel]
poetsdoek (de)	**lap**	[lap]
veger (de)	**sapu lidi**	[sapu lidi]
stofblik (het)	**pengki**	[peŋki]

89. Meubels. Interieur

meubels (mv.)	**mebel**	[mebel]
tafel (de)	**meja**	[medʒ'a]
stoel (de)	**kursi**	[kursi]
bed (het)	**ranjang**	[randʒ'aŋ]
bankstel (het)	**dipan**	[dipan]
fauteuil (de)	**kursi malas**	[kursi malas]
boekenkast (de)	**lemari buku**	[lemari buku]
boekenrek (het)	**rak**	[ra']
kledingkast (de)	**lemari pakaian**	[lemari pakajan]

kapstok (de)	**kapstok**	[kapstoʔ]
staande kapstok (de)	**kapstok berdiri**	[kapstoʔ bərdiri]
commode (de)	**lemari laci**	[lemari latʃi]
salontafeltje (het)	**meja kopi**	[medʒʲa kopi]
spiegel (de)	**cermin**	[tʃermin]
tapijt (het)	**permadani**	[pərmadani]
tapijtje (het)	**karpet kecil**	[karpet ketʃil]
haard (de)	**perapian**	[pərapian]
kaars (de)	**lilin**	[lilin]
kandelaar (de)	**kaki lilin**	[kaki lilin]
gordijnen (mv.)	**gorden**	[gorden]
behang (het)	**kertas dinding**	[kertas dindiŋ]
jaloezie (de)	**kerai**	[keraj]
bureaulamp (de)	**lampu meja**	[lampu medʒʲa]
wandlamp (de)	**lampu dinding**	[lampu dindiŋ]
staande lamp (de)	**lampu lantai**	[lampu lantaj]
luchter (de)	**lampu bercabang**	[lampu bərtʃabaŋ]
poot (ov. een tafel, enz.)	**kaki**	[kaki]
armleuning (de)	**lengan**	[leŋan]
rugleuning (de)	**sandaran**	[sandaran]
la (de)	**laci**	[latʃi]

90. Beddengoed

beddengoed (het)	**kain kasur**	[kain kasur]
kussen (het)	**bantal**	[bantal]
kussenovertrek (de)	**sarung bantal**	[saruŋ bantal]
deken (de)	**selimut**	[selimut]
laken (het)	**seprai**	[sepraj]
sprei (de)	**selubung kasur**	[selubuŋ kasur]

91. Keuken

keuken (de)	**dapur**	[dapur]
gas (het)	**gas**	[gas]
gasfornuis (het)	**kompor gas**	[kompor gas]
elektrisch fornuis (het)	**kompor listrik**	[kompor listriʔ]
oven (de)	**oven**	[oven]
magnetronoven (de)	**microwave**	[majkrowav]
koelkast (de)	**lemari es, kulkas**	[lemari es], [kulkas]
diepvriezer (de)	**lemari pembeku**	[lemari pembeku]
vaatwasmachine (de)	**mesin pencuci piring**	[mesin pentʃutʃi piriŋ]
vleesmolen (de)	**alat pelumat daging**	[alat pelumat dagiŋ]
vruchtenpers (de)	**mesin sari buah**	[mesin sari buah]

toaster (de)	**alat pemanggang roti**	[alat pemaŋgaŋ roti]
mixer (de)	**pencampur**	[pentʃampur]
koffiemachine (de)	**mesin pembuat kopi**	[mesin pembuat kopi]
koffiepot (de)	**teko kopi**	[teko kopi]
koffiemolen (de)	**mesin penggiling kopi**	[mesin peŋgiliŋ kopi]
fluitketel (de)	**cerek**	[tʃere']
theepot (de)	**teko**	[teko]
deksel (de/het)	**tutup**	[tutup]
theezeefje (het)	**saringan teh**	[sariŋan teh]
lepel (de)	**sendok**	[sendo']
theelepeltje (het)	**sendok teh**	[sendo' teh]
eetlepel (de)	**sendok makan**	[sendo' makan]
vork (de)	**garpu**	[garpu]
mes (het)	**pisau**	[pisau]
vaatwerk (het)	**piring mangkuk**	[piriŋ maŋku']
bord (het)	**piring**	[piriŋ]
schoteltje (het)	**alas cangkir**	[alas tʃaŋkir]
likeurglas (het)	**seloki**	[seloki]
glas (het)	**gelas**	[gelas]
kopje (het)	**cangkir**	[tʃaŋkir]
suikerpot (de)	**wadah gula**	[wadah gula]
zoutvat (het)	**wadah garam**	[wadah garam]
pepervat (het)	**wadah merica**	[wadah meritʃa]
boterschaaltje (het)	**wadah mentega**	[wadah mentega]
steelpan (de)	**panci**	[pantʃi]
bakpan (de)	**kuali**	[kuali]
pollepel (de)	**sudu**	[sudu]
vergiet (de/het)	**saringan**	[sariŋan]
dienblad (het)	**talam**	[talam]
fles (de)	**botol**	[botol]
glazen pot (de)	**gelas**	[gelas]
blik (conserven~)	**kaleng**	[kaleŋ]
flesopener (de)	**pembuka botol**	[pembuka botol]
blikopener (de)	**pembuka kaleng**	[pembuka kaleŋ]
kurkentrekker (de)	**kotrek**	[kotre']
filter (de/het)	**saringan**	[sariŋan]
filteren (ww)	**saringan**	[sariŋan]
huisvuil (het)	**sampah**	[sampah]
vuilnisemmer (de)	**tong sampah**	[toŋ sampah]

92. Badkamer

badkamer (de)	**kamar mandi**	[kamar mandi]
water (het)	**air**	[air]

kraan (de)	keran	[keran]
warm water (het)	air panas	[air panas]
koud water (het)	air dingin	[air diɲin]

tandpasta (de)	pasta gigi	[pasta gigi]
tanden poetsen (ww)	menggosok gigi	[məŋgoso' gigi]
tandenborstel (de)	sikat gigi	[sikat gigi]

zich scheren (ww)	bercukur	[bərtʃukur]
scheercrème (de)	busa cukur	[busa tʃukur]
scheermes (het)	pisau cukur	[pisau tʃukur]

wassen (ww)	mencuci	[məntʃutʃi]
een bad nemen	mandi	[mandi]
douche (de)	pancuran	[pantʃuran]
een douche nemen	mandi pancuran	[mandi pantʃuran]

bad (het)	bak mandi	[ba' mandi]
toiletpot (de)	kloset	[kloset]
wastafel (de)	wastafel	[wastafel]

| zeep (de) | sabun | [sabun] |
| zeepbakje (het) | wadah sabun | [wadah sabun] |

spons (de)	spons	[spons]
shampoo (de)	sampo	[sampo]
handdoek (de)	handuk	[handu']
badjas (de)	jubah mandi	[dʒ'ubah mandi]

was (bijv. handwas)	pencucian	[pentʃutʃian]
wasmachine (de)	mesin cuci	[mesin tʃutʃi]
de was doen	mencuci	[məntʃutʃi]
waspoeder (de)	deterjen cuci	[deterdʒ'en tʃutʃi]

93. Huishoudelijke apparaten

televisie (de)	pesawat TV	[pesawat ti-vi]
cassettespeler (de)	alat perekam	[alat pərekam]
videorecorder (de)	video, VCR	[vidio], [vi-si-er]
radio (de)	radio	[radio]
speler (de)	pemutar	[pemutar]

videoprojector (de)	proyektor video	[proektor video]
home theater systeem (het)	bioskop rumah	[bioskop rumah]
DVD-speler (de)	pemutar DVD	[pemutar di-vi-di]
versterker (de)	penguat	[peɲuat]
spelconsole (de)	konsol permainan video	[konsol pərmajnan video]

videocamera (de)	kamera video	[kamera video]
fotocamera (de)	kamera	[kamera]
digitale camera (de)	kamera digital	[kamera digital]

| stofzuiger (de) | pengisap debu | [peɲisap debu] |
| strijkijzer (het) | setrika | [setrika] |

strijkplank (de)	papan setrika	[papan setrika]
telefoon (de)	telepon	[telepon]
mobieltje (het)	ponsel	[ponsel]
schrijfmachine (de)	mesin ketik	[mesin keti']
naaimachine (de)	mesin jahit	[mesin dʒ'ahit]

microfoon (de)	mikrofon	[mikrofon]
koptelefoon (de)	headphone, fonkepala	[headphone], [fonkepala]
afstandsbediening (de)	panel kendali	[panel kendali]

CD (de)	cakram kompak	[tʃakram kompa']
cassette (de)	kaset	[kaset]
vinylplaat (de)	piringan hitam	[piriŋan hitam]

94. Reparaties. Renovatie

renovatie (de)	renovasi	[renovasi]
renoveren (ww)	merenovasi	[merenovasi]
repareren (ww)	mereparasi, memperbaiki	[mereparasi], [memperbajki]
op orde brengen	membereskan	[membereskan]
overdoen (ww)	mengulangi	[məŋulaŋi]

verf (de)	cat	[tʃat]
verven (muur ~)	mengecat	[məŋetʃat]
schilder (de)	tukang cat	[tukaŋ tʃat]
kwast (de)	kuas	[kuas]

| kalk (de) | cat kapur | [tʃat kapur] |
| kalken (ww) | mengapur | [məŋapur] |

behang (het)	kertas dinding	[kertas dindiŋ]
behangen (ww)	memasang kertas dinding	[memasaŋ kertas dindiŋ]
lak (de/het)	pernis	[pernis]
lakken (ww)	memernis	[memernis]

95. Loodgieterswerk

water (het)	air	[air]
warm water (het)	air panas	[air panas]
koud water (het)	air dingin	[air diŋin]
kraan (de)	keran	[keran]

druppel (de)	tetes	[tetes]
druppelen (ww)	menetes	[mənetes]
lekken (een lek hebben)	bocor	[botʃor]
lekkage (de)	kebocoran	[kebotʃoran]
plasje (het)	kubangan	[kubaŋan]

buis, leiding (de)	pipa	[pipa]
stopkraan (de)	katup	[katup]
verstopt raken (ww)	tersumbat	[tərsumbat]
gereedschap (het)	peralatan	[pəralatan]

Engelse sleutel (de)	kunci inggris	[kuntʃi iŋgris]
losschroeven (ww)	mengendurkan	[məŋendurkan]
aanschroeven (ww)	mengencangkan	[məŋentʃaŋkan]

ontstoppen (riool, enz.)	membersihkan	[membersihkan]
loodgieter (de)	tukang pipa	[tukaŋ pipa]
kelder (de)	rubanah	[rubanah]
riolering (de)	riol	[riol]

96. Brand. Vuurzee

vuur (het)	kebakaran	[kebakaran]
vlam (de)	nyala api	[njala api]
vonk (de)	percikan api	[pərtʃikan api]
rook (de)	asap	[asap]
fakkel (de)	obor	[obor]
kampvuur (het)	api unggun	[api uŋgun]

benzine (de)	bensin	[bensin]
kerosine (de)	minyak tanah	[minja' tanah]
brandbaar (bn)	mudah terbakar	[mudah tərbakar]
ontplofbaar (bn)	mudah meledak	[mudah meleda']
VERBODEN TE ROKEN!	DILARANG MEROKOK!	[dilaraŋ meroko'!]

veiligheid (de)	keamanan	[keamanan]
gevaar (het)	bahaya	[bahaja]
gevaarlijk (bn)	berbahaya	[bərbahaja]

in brand vliegen (ww)	menyala	[mənjala]
explosie (de)	ledakan	[ledakan]
in brand steken (ww)	membakar	[membakar]
brandstichter (de)	pelaku pembakaran	[pelaku pembakaran]
brandstichting (de)	pembakaran	[pembakaran]

vlammen (ww)	berkobar	[bərkobar]
branden (ww)	menyala	[mənjala]
afbranden (ww)	terbakar	[tərbakar]

de brandweer bellen	memanggil pemadam kebakaran	[memaŋgil pemadam kebakaran]
brandweerman (de)	pemadam kebakaran	[pemadam kebakaran]
brandweerwagen (de)	branwir	[branwir]
brandweer (de)	pemadam kebakaran	[pemadam kebakaran]
uitschuifbare ladder (de)	tangga branwir	[taŋga branwir]

brandslang (de)	selang pemadam	[selaŋ pemadam]
brandblusser (de)	pemadam api	[pemadam api]
helm (de)	helm	[helm]
sirene (de)	sirene	[sirene]

roepen (ww)	berteriak	[berteria']
hulp roepen	meminta pertolongan	[meminta pərtoloŋan]
redder (de)	penyelamat	[penjelamat]
redden (ww)	menyelamatkan	[mənjelamatkan]

aankomen (per auto, enz.)	**datang**	[dataŋ]
blussen (ww)	**memadamkan**	[memadamkan]
water (het)	**air**	[air]
zand (het)	**pasir**	[pasir]
ruïnes (mv.)	**reruntuhan**	[reruntuhan]
instorten (gebouw, enz.)	**runtuh**	[runtuh]
ineenstorten (ww)	**roboh**	[roboh]
inzakken (ww)	**roboh**	[roboh]
brokstuk (het)	**serpihan**	[serpihan]
as (de)	**abu**	[abu]
verstikken (ww)	**mati lemas**	[mati lemas]
omkomen (ww)	**mati, tewas**	[mati], [tewas]

MENSELIJKE ACTIVITEITEN

Baan. Business. Deel 1

97. Bankieren

bank (de)	bank	[banˀ]
bankfiliaal (het)	cabang	[ʧabaŋ]
bankbediende (de)	konsultan	[konsultan]
manager (de)	manajer	[manadʒʲer]
bankrekening (de)	rekening	[rekeniŋ]
rekeningnummer (het)	nomor rekening	[nomor rekeniŋ]
lopende rekening (de)	rekening koran	[rekeniŋ koran]
spaarrekening (de)	rekening simpanan	[rekeniŋ simpanan]
een rekening openen	membuka rekening	[membuka rekeniŋ]
de rekening sluiten	menutup rekening	[mənutup rekeniŋ]
op rekening storten	memasukkan ke rekening	[memasuˀkan ke rekeniŋ]
opnemen (ww)	menarik uang	[mənariˀ uaŋ]
storting (de)	deposito	[deposito]
een storting maken	melakukan setoran	[melakukan setoran]
overschrijving (de)	transfer kawat	[transfer kawat]
een overschrijving maken	mentransfer	[məntransfer]
som (de)	jumlah	[dʒʲumlah]
Hoeveel?	Berapa?	[bərapa?]
handtekening (de)	tanda tangan	[tanda taŋan]
ondertekenen (ww)	menandatangani	[mənandataŋani]
kredietkaart (de)	kartu kredit	[kartu kredit]
code (de)	kode	[kode]
kredietkaartnummer (het)	nomor kartu kredit	[nomor kartu kredit]
geldautomaat (de)	Anjungan Tunai Mandiri, ATM	[andʒʲuŋan tunaj mandiri], [a-te-em]
cheque (de)	cek	[ʧeˀ]
een cheque uitschrijven	menulis cek	[mənulis ʧeˀ]
chequeboekje (het)	buku cek	[buku ʧeˀ]
lening, krediet (de)	kredit, pinjaman	[kredit], [pindʒʲaman]
een lening aanvragen	meminta kredit	[meminta kredit]
een lening nemen	mendapatkan kredit	[məndapatkan kredit]
een lening verlenen	memberikan kredit	[memberikan kredit]
garantie (de)	jaminan	[dʒʲaminan]

98. Telefoon. Telefoongesprek

telefoon (de)	telepon	[telepon]
mobieltje (het)	ponsel	[ponsel]
antwoordapparaat (het)	mesin penjawab panggilan	[mesin pendʒawab paŋgilan]
bellen (ww)	menelepon	[mənelepon]
belletje (telefoontje)	panggilan telepon	[paŋgilan telepon]
een nummer draaien	memutar nomor telepon	[memutar nomor telepon]
Hallo!	Halo!	[halo!]
vragen (ww)	bertanya	[bərtanja]
antwoorden (ww)	menjawab	[məndʒawab]
horen (ww)	mendengar	[məndeŋar]
goed (bw)	baik	[baj']
slecht (bw)	buruk, jelek	[buruk], [dʒ'ele']
storingen (mv.)	bising, gangguan	[bisiŋ], [gaŋguan]
hoorn (de)	gagang	[gagaŋ]
opnemen (ww)	mengangkat telepon	[məŋaŋkat telepon]
ophangen (ww)	menutup telepon	[mənutup telepon]
bezet (bn)	sibuk	[sibu']
overgaan (ww)	berdering	[bərderiŋ]
telefoonboek (het)	buku telepon	[buku telepon]
lokaal (bn)	lokal	[lokal]
lokaal gesprek (het)	panggilan lokal	[paŋgilan lokal]
interlokaal (bn)	interlokal	[interlokal]
interlokaal gesprek (het)	panggilan interlokal	[paŋgilan interlokal]
buitenlands (bn)	internasional	[internasional]
buitenlands gesprek (het)	panggilan internasional	[paŋgilan internasional]

99. Mobiele telefoon

mobieltje (het)	ponsel	[ponsel]
scherm (het)	layar	[lajar]
toets, knop (de)	kenop	[kenop]
simkaart (de)	kartu SIM	[kartu sim]
batterij (de)	baterai	[bateraj]
leeg zijn (ww)	mati	[mati]
acculader (de)	pengisi baterai, pengecas	[peɲisi bateraj], [peɲetʃas]
menu (het)	menu	[menu]
instellingen (mv.)	penyetelan	[penjetelan]
melodie (beltoon)	nada panggil	[nada paŋgil]
selecteren (ww)	memilih	[memilih]
rekenmachine (de)	kalkulator	[kalkulator]
voicemail (de)	penjawab telepon	[pendʒawab telepon]
wekker (de)	weker	[weker]

contacten (mv.)	buku telepon	[buku telepon]
SMS-bericht (het)	pesan singkat	[pesan siŋkat]
abonnee (de)	pelanggan	[pelaŋgan]

100. Schrijfbehoeften

| balpen (de) | bolpen | [bolpen] |
| vulpen (de) | pena celup | [pena ʧelup] |

potlood (het)	pensil	[pensil]
marker (de)	spidol	[spidol]
viltstift (de)	spidol	[spidol]

| notitieboekje (het) | buku catatan | [buku ʧatatan] |
| agenda (boekje) | agenda | [agenda] |

liniaal (de/het)	mistar, penggaris	[mistar], [peŋgaris]
rekenmachine (de)	kalkulator	[kalkulator]
gom (de)	karet penghapus	[karet peŋhapus]
punaise (de)	paku payung	[paku pajuŋ]
paperclip (de)	penjepit kertas	[pendʒepit kertas]

lijm (de)	lem	[lem]
nietmachine (de)	stapler	[stapler]
perforator (de)	alat pelubang kertas	[alat pelubaŋ kertas]
potloodslijper (de)	rautan pensil	[rautan pensil]

Baan. Business. Deel 2

101. Massamedia

krant (de)	koran	[koran]
tijdschrift (het)	majalah	[madʒalah]
pers (gedrukte media)	pers	[pers]
radio (de)	radio	[radio]
radiostation (het)	stasiun radio	[stasiun radio]
televisie (de)	televisi	[televisi]
presentator (de)	pembawa acara	[pembawa atʃara]
nieuwslezer (de)	penyiar	[penjiar]
commentator (de)	komentator	[komentator]
journalist (de)	wartawan	[wartawan]
correspondent (de)	koresponden	[koresponden]
fotocorrespondent (de)	fotografer pers	[fotografer pers]
reporter (de)	reporter, pewarta	[reporter], [pewarta]
redacteur (de)	editor, penyunting	[editor], [penyuntiŋ]
chef-redacteur (de)	editor kepala	[editor kepala]
zich abonneren op	berlangganan ...	[berlaŋganan ...]
abonnement (het)	langganan	[laŋganan]
abonnee (de)	pelanggan	[pelaŋgan]
lezen (ww)	membaca	[membatʃa]
lezer (de)	pembaca	[pembatʃa]
oplage (de)	oplah	[oplah]
maand-, maandelijks (bn)	bulanan	[bulanan]
wekelijks (bn)	mingguan	[miŋguan]
nummer (het)	edisi	[edisi]
vers (~ van de pers)	baru	[baru]
kop (de)	kepala berita	[kepala berita]
korte artikel (het)	artikel singkat	[artikel siŋkat]
rubriek (de)	kolom	[kolom]
artikel (het)	artikel	[artikel]
pagina (de)	halaman	[halaman]
reportage (de)	reportase	[reportase]
gebeurtenis (de)	peristiwa, kejadian	[peristiwa], [kedʒadian]
sensatie (de)	sensasi	[sensasi]
schandaal (het)	skandal	[skandal]
schandalig (bn)	penuh skandal	[penuh skandal]
groot (~ schandaal, enz.)	besar	[besar]
programma (het)	program	[program]
interview (het)	wawancara	[wawantʃara]

| live uitzending (de) | siaran langsung | [siaran laŋsuŋ] |
| kanaal (het) | saluran | [saluran] |

102. Landbouw

landbouw (de)	pertanian	[pərtanian]
boer (de)	petani	[petani]
boerin (de)	petani	[petani]
landbouwer (de)	petani	[petani]

| tractor (de) | traktor | [traktor] |
| maaidorser (de) | mesin pemanen | [mesin pemanen] |

ploeg (de)	bajak	[badʒⁱaʔ]
ploegen (ww)	membajak, menenggala	[membadʒⁱak], [menengala]
akkerland (het)	tanah garapan	[tanah garapan]
voor (de)	alur	[alur]

zaaien (ww)	menanam	[mənanam]
zaaimachine (de)	mesin penanam	[mesin penanam]
zaaien (het)	penanaman	[penanaman]

| zeis (de) | sabit | [sabit] |
| maaien (ww) | menyabit | [mənjabit] |

| schop (de) | sekop | [sekop] |
| spitten (ww) | menggali | [məŋgali] |

schoffel (de)	cangkul	[tʃaŋkul]
wieden (ww)	menyiangi	[mənjiaɲi]
onkruid (het)	gulma	[gulma]

gieter (de)	kaleng penyiram	[kaleŋ penjiram]
begieten (water geven)	menyiram	[mənjiram]
bewatering (de)	penyiraman	[pənjiraman]

| riek, hooivork (de) | garpu ramput | [garpu ramput] |
| hark (de) | penggaruk | [peŋgaruʔ] |

meststof (de)	pupuk	[pupuʔ]
bemesten (ww)	memupuk	[memupuʔ]
mest (de)	pupuk kandang	[pupuʔ kandaŋ]

veld (het)	ladang	[ladaŋ]
wei (de)	padang rumput	[padaŋ rumput]
moestuin (de)	kebun sayur	[kebun sajur]
boomgaard (de)	kebun buah	[kebun buah]

weiden (ww)	menggembalakan	[məŋgembalakan]
herder (de)	penggembala	[peŋgembala]
weiland (de)	padang penggembalaan	[padaŋ peŋgembala'an]

| veehouderij (de) | peternakan | [peternakan] |
| schapenteelt (de) | peternakan domba | [peternakan domba] |

plantage (de)	perkebunan	[pərkebunan]
rijtje (het)	bedeng	[bedeŋ]
broeikas (de)	rumah kaca	[rumah katʃa]

| droogte (de) | musim kering | [musim keriŋ] |
| droog (bn) | kering | [keriŋ] |

graan (het)	biji	[bidʒi]
graangewassen (mv.)	serealia	[serealia]
oogsten (ww)	memanen	[memanen]

molenaar (de)	penggiling	[peŋgiliŋ]
molen (de)	kincir	[kintʃir]
malen (graan ~)	menggiling	[məŋgiliŋ]
bloem (bijv. tarwebloem)	tepung	[tepuŋ]
stro (het)	jerami	[dʒierami]

103. Gebouw. Bouwproces

bouwplaats (de)	lokasi pembangunan	[lokasi pembaŋunan]
bouwen (ww)	membangun	[membaŋun]
bouwvakker (de)	buruh bangunan	[buruh baŋunan]

project (het)	proyek	[proeʔ]
architect (de)	arsitek	[arsiteʔ]
arbeider (de)	buruh, pekerja	[buruh], [pekerdʒia]

fundering (de)	fondasi	[fondasi]
dak (het)	atap	[atap]
heipaal (de)	tiang fondasi	[tiaŋ fondasi]
muur (de)	dinding	[dindiŋ]

| betonstaal (het) | kerangka besi | [keraŋka besi] |
| steigers (mv.) | perancah | [pərantʃah] |

beton (het)	beton	[beton]
graniet (het)	granit	[granit]
steen (de)	batu	[batu]
baksteen (de)	bata, batu bata	[bata], [batu bata]

zand (het)	pasir	[pasir]
cement (de/het)	semen	[semen]
pleister (het)	lepa, plester	[lepa], [plester]
pleisteren (ww)	melepa	[melepa]
verf (de)	cat	[tʃat]
verven (muur ~)	mengecat	[məŋetʃat]
ton (de)	tong	[toŋ]

kraan (de)	derek	[dereʔ]
heffen, hijsen (ww)	menaikkan	[mənajʔkan]
neerlaten (ww)	menurunkan	[mənurunkan]

| bulldozer (de) | buldoser | [buldozer] |
| graafmachine (de) | ekskavator | [ekskavator] |

graafbak (de)	**sudu pengeruk**	[sudu peɲeruʔ]
graven (tunnel, enz.)	**menggali**	[məŋgali]
helm (de)	**topi baja**	[topi badʒʲa]

Beroepen en ambachten

104. Zoeken naar werk. Ontslag

baan (de)	kerja, pekerjaan	[kerdʒʲa], [pekerdʒʲaʔan]
werknemers (mv.)	staf, personalia	[staf], [pərsonalia]
personeel (het)	staf, personel	[staf], [pərsonel]
carrière (de)	karier	[karier]
vooruitzichten (mv.)	perspektif	[pərspektif]
meesterschap (het)	keterampilan	[keterampilan]
keuze (de)	pilihan	[pilihan]
uitzendbureau (het)	biro tenaga kerja	[biro tenaga kerdʒʲa]
CV, curriculum vitae (het)	resume	[resume]
sollicitatiegesprek (het)	wawancara kerja	[wawantʃara kerdʒʲa]
vacature (de)	lowongan	[lowoŋan]
salaris (het)	gaji, upah	[gadʒi], [upah]
vaste salaris (het)	gaji tetap	[gadʒi tetap]
loon (het)	bayaran	[bajaran]
betrekking (de)	jabatan	[dʒʲabatan]
taak, plicht (de)	tugas	[tugas]
takenpakket (het)	bidang tugas	[bidaŋ tugas]
bezig (~ zijn)	sibuk	[sibuʔ]
ontslagen (ww)	memecat	[memetʃat]
ontslag (het)	pemecatan	[pemetʃatan]
werkloosheid (de)	pengangguran	[peŋaŋguran]
werkloze (de)	pengganggur	[peŋgaŋgur]
pensioen (het)	pensiun	[pensiun]
met pensioen gaan	pensiun	[pensiun]

105. Zakenmensen

directeur (de)	direktur	[direktur]
beheerder (de)	manajer	[manadʒʲer]
hoofd (het)	bos, atasan	[bos], [atasan]
baas (de)	atasan	[atasan]
superieuren (mv.)	atasan	[atasan]
president (de)	presiden	[presiden]
voorzitter (de)	ketua, dirut	[ketua], [dirut]
adjunct (de)	wakil	[wakil]
assistent (de)	asisten	[asisten]

| secretaris (de) | sekretaris | [sekretaris] |
| persoonlijke assistent (de) | asisten pribadi | [asisten pribadi] |

zakenman (de)	pengusaha, pebisnis	[peŋusaha], [pebisnis]
ondernemer (de)	pengusaha	[peŋusaha]
oprichter (de)	pendiri	[pendiri]
oprichten (een nieuw bedrijf ~)	mendirikan	[məndirikan]

stichter (de)	pendiri	[pendiri]
partner (de)	mitra	[mitra]
aandeelhouder (de)	pemegang saham	[pemegaŋ saham]

miljonair (de)	jutawan	[dʒutawan]
miljardair (de)	miliarder	[miliarder]
eigenaar (de)	pemilik	[pemiliʔ]
landeigenaar (de)	tuan tanah	[tuan tanah]

klant (de)	klien	[klien]
vaste klant (de)	klien tetap	[klien tetap]
koper (de)	pembeli	[pembeli]
bezoeker (de)	tamu	[tamu]
professioneel (de)	profesional	[profesional]
expert (de)	pakar, ahli	[pakar], [ahli]
specialist (de)	spesialis, ahli	[spesialis], [ahli]

| bankier (de) | bankir | [bankir] |
| makelaar (de) | broker, pialang | [broker], [pialaŋ] |

kassier (de)	kasir	[kasir]
boekhouder (de)	akuntan	[akuntan]
bewaker (de)	satpam, pengawal	[satpam], [peŋawal]

investeerder (de)	investor	[investor]
schuldenaar (de)	debitur	[debitur]
crediteur (de)	kreditor	[kreditor]
lener (de)	peminjam	[pemɪndʒam]

| importeur (de) | importir | [importir] |
| exporteur (de) | eksportir | [eksportir] |

producent (de)	produsen	[produsen]
distributeur (de)	penyalur	[penjalur]
bemiddelaar (de)	perantara	[pərantara]

adviseur, consulent (de)	konsultan	[konsultan]
vertegenwoordiger (de)	perwakilan penjualan	[pərwakilan pendʒualan]
agent (de)	agen	[agen]
verzekeringsagent (de)	agen asuransi	[agen asuransi]

106. Dienstverlenende beroepen

| kok (de) | koki, juru masak | [koki], [dʒuru masaʔ] |
| chef-kok (de) | koki kepala | [koki kepala] |

bakker (de)	pembuat roti	[pembuat roti]
barman (de)	pelayan bar	[pelajan bar]
kelner, ober (de)	pelayan lelaki	[pelajan lelaki]
serveerster (de)	pelayan perempuan	[pelajan pərempuan]
advocaat (de)	advokat, pengacara	[advokat], [peŋatʃara]
jurist (de)	ahli hukum	[ahli hukum]
notaris (de)	notaris	[notaris]
elektricien (de)	tukang listrik	[tukaŋ listriʔ]
loodgieter (de)	tukang pipa	[tukaŋ pipa]
timmerman (de)	tukang kayu	[tukaŋ kaju]
masseur (de)	tukang pijat lelaki	[tukaŋ pidʒʲat lelaki]
masseuse (de)	tukang pijat perempuan	[tukaŋ pidʒʲat pərempuan]
dokter, arts (de)	dokter	[dokter]
taxichauffeur (de)	sopir taksi	[sopir taksi]
chauffeur (de)	sopir	[sopir]
koerier (de)	kurir	[kurir]
kamermeisje (het)	pelayan kamar	[pelajan kamar]
bewaker (de)	satpam, pengawal	[satpam], [peŋawal]
stewardess (de)	pramugari	[pramugari]
meester (de)	guru	[guru]
bibliothecaris (de)	pustakawan	[pustakawan]
vertaler (de)	penerjemah	[penerdʒʲemah]
tolk (de)	juru bahasa	[dʒʲuru bahasa]
gids (de)	pemandu wisata	[pemandu wisata]
kapper (de)	tukang cukur	[tukaŋ tʃukur]
postbode (de)	tukang pos	[tukaŋ pos]
verkoper (de)	pramuniaga	[pramuniaga]
tuinman (de)	tukang kebun	[tukaŋ kebun]
huisbediende (de)	pramuwisma	[pramuwisma]
dienstmeisje (het)	pramuwisma	[pramuwisma]
schoonmaakster (de)	pembersih ruangan	[pembersih ruaŋan]

107. Militaire beroepen en rangen

soldaat (rang)	prajurit	[pradʒʲurit]
sergeant (de)	sersan	[sersan]
luitenant (de)	letnan	[letnan]
kapitein (de)	kapten	[kapten]
majoor (de)	mayor	[major]
kolonel (de)	kolonel	[kolonel]
generaal (de)	jenderal	[dʒʲenderal]
maarschalk (de)	marsekal	[marsekal]
admiraal (de)	laksamana	[laksamana]
militair (de)	anggota militer	[aŋgota militer]
soldaat (de)	tentara, serdadu	[tentara], [serdadu]

| officier (de) | perwira | [pərwira] |
| commandant (de) | komandan | [komandan] |

grenswachter (de)	penjaga perbatasan	[pendʒʲaga pərbatasan]
marconist (de)	operator radio	[operator radio]
verkenner (de)	pengintai	[peɲintaj]
sappeur (de)	pencari ranjau	[pentʃari randʒʲau]
schutter (de)	petembak	[petembaʔ]
stuurman (de)	navigator, penavigasi	[navigator], [penavigasi]

108. Ambtenaren. Priesters

| koning (de) | raja | [radʒʲa] |
| koningin (de) | ratu | [ratu] |

| prins (de) | pangeran | [paŋeran] |
| prinses (de) | putri | [putri] |

| tsaar (de) | tsar, raja | [tsar], [radʒʲa] |
| tsarina (de) | tsarina, ratu | [tsarina], [ratu] |

president (de)	presiden	[presiden]
minister (de)	Menteri Sekretaris	[mənteri sekretaris]
eerste minister (de)	perdana menteri	[pərdana menteri]
senator (de)	senator	[senator]

diplomaat (de)	diplomat	[diplomat]
consul (de)	konsul	[konsul]
ambassadeur (de)	duta besar	[duta besar]
adviseur (de)	penasihat	[penasihat]

ambtenaar (de)	petugas	[petugas]
prefect (de)	prefek	[prefeʔ]
burgemeester (de)	walikota	[walikota]

| rechter (de) | hakim | [hakim] |
| aanklager (de) | kejaksaan negeri | [kedʒʲaksaʔan negeri] |

missionaris (de)	misionaris	[misionaris]
monnik (de)	biarawan, rahib	[biarawan], [rahib]
abt (de)	abbas	[abbas]
rabbi, rabbijn (de)	rabbi	[rabbi]

vizier (de)	wazir	[wazir]
sjah (de)	syah	[ʃah]
sjeik (de)	syeikh	[ʃejh]

109. Agrarische beroepen

imker (de)	peternak lebah	[peternaʔ lebah]
herder (de)	penggembala	[peŋgembala]
landbouwkundige (de)	agronom	[agronom]

veehouder (de)	**peternak**	[peterna']
dierenarts (de)	**dokter hewan**	[dokter hewan]
landbouwer (de)	**petani**	[petani]
wijnmaker (de)	**pembuat anggur**	[pembuat aŋgur]
zoöloog (de)	**zoolog**	[zoolog]
cowboy (de)	**koboi**	[koboi]

110. Kunst beroepen

acteur (de)	**aktor**	[aktor]
actrice (de)	**aktris**	[aktris]
zanger (de)	**biduan**	[biduan]
zangeres (de)	**biduanita**	[biduanita]
danser (de)	**penari lelaki**	[penari lelaki]
danseres (de)	**penari perempuan**	[penari pərempuan]
artiest (mann.)	**artis**	[artis]
artiest (vrouw.)	**artis**	[artis]
muzikant (de)	**musisi, musikus**	[musisi], [musikus]
pianist (de)	**pianis**	[pianis]
gitarist (de)	**pemain gitar**	[pemajn gitar]
orkestdirigent (de)	**konduktor**	[konduktor]
componist (de)	**komposer, komponis**	[komposer], [komponis]
impresario (de)	**impresario**	[impresario]
filmregisseur (de)	**sutradara**	[sutradara]
filmproducent (de)	**produser**	[produser]
scenarioschrijver (de)	**penulis skenario**	[penulis skenario]
criticus (de)	**kritikus**	[kritikus]
schrijver (de)	**penulis**	[penulis]
dichter (de)	**penyair**	[penjajr]
beeldhouwer (de)	**pematung**	[pematuŋ]
kunstenaar (de)	**perupa**	[pərupa]
jongleur (de)	**juggler**	[dʒʲuggler]
clown (de)	**badut**	[badut]
acrobaat (de)	**akrobat**	[akrobat]
goochelaar (de)	**pesulap**	[pesulap]

111. Verschillende beroepen

dokter, arts (de)	**dokter**	[dokter]
ziekenzuster (de)	**suster, juru rawat**	[suster], [dʒʲuru rawat]
psychiater (de)	**psikiater**	[psikiater]
tandarts (de)	**dokter gigi**	[dokter gigi]
chirurg (de)	**dokter bedah**	[dokter bedah]

astronaut (de)	**astronaut**	[astronaut]
astronoom (de)	**astronom**	[astronom]
piloot (de)	**pilot**	[pilot]
chauffeur (de)	**sopir**	[sopir]
machinist (de)	**masinis**	[masinis]
mecanicien (de)	**mekanik**	[mekaniʔ]
mijnwerker (de)	**penambang**	[penambaŋ]
arbeider (de)	**buruh, pekerja**	[buruh], [pekerdʒʲa]
bankwerker (de)	**tukang kikir**	[tukaŋ kikir]
houtbewerker (de)	**tukang kayu**	[tukaŋ kaju]
draaier (de)	**tukang bubut**	[tukaŋ bubut]
bouwvakker (de)	**buruh bangunan**	[buruh baŋunan]
lasser (de)	**tukang las**	[tukaŋ las]
professor (de)	**profesor**	[profesor]
architect (de)	**arsitek**	[arsiteʔ]
historicus (de)	**sejarawan**	[sedʒʲarawan]
wetenschapper (de)	**ilmuwan**	[ilmuwan]
fysicus (de)	**fisikawan**	[fisikawan]
scheikundige (de)	**kimiawan**	[kimiawan]
archeoloog (de)	**arkeolog**	[arkeolog]
geoloog (de)	**geolog**	[geolog]
onderzoeker (de)	**periset, peneliti**	[periset], [peneliti]
babysitter (de)	**pengasuh anak**	[peŋasuh anaʔ]
leraar, pedagoog (de)	**guru, pendidik**	[guru], [pendidiʔ]
redacteur (de)	**editor, penyunting**	[editor], [penyuntiŋ]
chef-redacteur (de)	**editor kepala**	[editor kepala]
correspondent (de)	**koresponden**	[koresponden]
typiste (de)	**juru ketik**	[dʒʲuru ketiʔ]
designer (de)	**desainer, perancang**	[desajner], [perantʃaŋ]
computerexpert (de)	**ahli komputer**	[ahli komputer]
programmeur (de)	**pemrogram**	[pemrogram]
ingenieur (de)	**insinyur**	[insinyur]
matroos (de)	**pelaut**	[pelaut]
zeeman (de)	**kelasi**	[kelasi]
redder (de)	**penyelamat**	[penjelamat]
brandweerman (de)	**pemadam kebakaran**	[pemadam kebakaran]
politieagent (de)	**polisi**	[polisi]
nachtwaker (de)	**penjaga**	[pendʒʲaga]
detective (de)	**detektif**	[detektif]
douanier (de)	**petugas pabean**	[petugas pabean]
lijfwacht (de)	**pengawal pribadi**	[peŋawal pribadi]
gevangenisbewaker (de)	**sipir, penjaga penjara**	[sipir], [pendʒʲaga pendʒʲara]
inspecteur (de)	**inspektur**	[inspektur]
sportman (de)	**olahragawan**	[olahragawan]
trainer (de)	**pelatih**	[pelatih]

slager, beenhouwer (de)	**tukang daging**	[tukaŋ dagiŋ]
schoenlapper (de)	**tukang sepatu**	[tukaŋ sepatu]
handelaar (de)	**pedagang**	[pedagaŋ]
lader (de)	**kuli**	[kuli]

| kledingstilist (de) | **perancang busana** | [perantʃaŋ busana] |
| model (het) | **peragawati** | [peragawati] |

112. Beroepen. Sociale status

| scholier (de) | **siswa** | [siswa] |
| student (de) | **mahasiswa** | [mahasiswa] |

filosoof (de)	**filsuf**	[filsuf]
econoom (de)	**ahli ekonomi**	[ahli ekonomi]
uitvinder (de)	**penemu**	[penemu]

werkloze (de)	**pengganggur**	[peŋgaŋgur]
gepensioneerde (de)	**pensiunan**	[pensiunan]
spion (de)	**mata-mata**	[mata-mata]

gedetineerde (de)	**tahanan**	[tahanan]
staker (de)	**pemogok**	[pemogoʔ]
bureaucraat (de)	**birokrat**	[birokrat]
reiziger (de)	**pelancong**	[pelantʃoŋ]

homoseksueel (de)	**homo, homoseksual**	[homo], [homoseksual]
hacker (computerkraker)	**peretas**	[peretas]
hippie (de)	**hipi**	[hipi]

bandiet (de)	**bandit**	[bandit]
huurmoordenaar (de)	**pembunuh bayaran**	[pembunuh bajaran]
drugsverslaafde (de)	**pecandu narkoba**	[petʃandu narkoba]
drugshandelaar (de)	**pengedar narkoba**	[peŋedar narkoba]
prostituee (de)	**pelacur**	[pelatʃur]
pooier (de)	**germo**	[germo]

tovenaar (de)	**penyihir lelaki**	[penjihir lelaki]
tovenares (de)	**penyihir perempuan**	[penjihir perempuan]
piraat (de)	**bajak laut**	[badʒiaʔ laut]
slaaf (de)	**budak**	[budaʔ]
samoerai (de)	**samurai**	[samuraj]
wilde (de)	**orang primitif**	[oraŋ primitif]

Sport

113. Soorten sporten. Sporters

sportman (de)	olahragawan	[olahragawan]
soort sport (de/het)	jenis olahraga	[dʒenis olahraga]
basketbal (het)	bola basket	[bola basket]
basketbalspeler (de)	pemain bola basket	[pemajn bola basket]
baseball (het)	bisbol	[bisbol]
baseballspeler (de)	pemain bisbol	[pemajn bisbol]
voetbal (het)	sepak bola	[sepa' bola]
voetballer (de)	pemain sepak bola	[pemajn sepa' bola]
doelman (de)	kiper, penjaga gawang	[kiper], [pendʒaga gawaŋ]
hockey (het)	hoki	[hoki]
hockeyspeler (de)	pemain hoki	[pemajn hoki]
volleybal (het)	bola voli	[bola voli]
volleybalspeler (de)	pemain bola voli	[pemajn bola voli]
boksen (het)	tinju	[tindʒu]
bokser (de)	petinju	[petindʒu]
worstelen (het)	gulat	[gulat]
worstelaar (de)	pegulat	[pegulat]
karate (de)	karate	[karate]
karateka (de)	karateka	[karateka]
judo (de)	judo	[dʒudo]
judoka (de)	pejudo	[pedʒudo]
tennis (het)	tenis	[tenis]
tennisspeler (de)	petenis	[petenis]
zwemmen (het)	berenang	[berenaŋ]
zwemmer (de)	perenang	[perenaŋ]
schermen (het)	anggar	[aŋgar]
schermer (de)	pemain anggar	[pemajn aŋgar]
schaak (het)	catur	[tʃatur]
schaker (de)	pecatur	[petʃatur]
alpinisme (het)	mendaki gunung	[mendaki gunuŋ]
alpinist (de)	pendaki gunung	[pendaki gunuŋ]
hardlopen (het)	lari	[lari]

renner (de)	**pelari**	[pelari]
atletiek (de)	**atletik**	[atletiʔ]
atleet (de)	**atlet**	[atlet]
paardensport (de)	**menunggang kuda**	[mənuŋgaŋ kuda]
ruiter (de)	**penunggang kuda**	[penuŋgaŋ kuda]
kunstschaatsen (het)	**seluncur indah**	[seluntʃur indah]
kunstschaatser (de)	**peseluncur indah**	[peseluntʃur indah]
kunstschaatsster (de)	**peseluncur indah**	[peseluntʃur indah]
gewichtheffen (het)	**angkat berat**	[aŋkat bərat]
gewichtheffer (de)	**atlet angkat berat**	[atlet aŋkat bərat]
autoraces (mv.)	**balapan mobil**	[balapan mobil]
coureur (de)	**pembalap mobil**	[pembalap mobil]
wielersport (de)	**bersepeda**	[bərsepeda]
wielrenner (de)	**atlet sepeda**	[atlet sepeda]
verspringen (het)	**lompat jauh**	[lompat dʒʲauh]
polsstokspringen (het)	**lompat galah**	[lompat galah]
verspringer (de)	**atlet lompat, pelompat**	[atlet lompat], [pelompat]

114. Soorten sporten. Diversen

Amerikaans voetbal (het)	**futbol**	[futbol]
badminton (het)	**badminton, bulu tangkis**	[badminton], [bulu taŋkis]
biatlon (de)	**biathlon**	[biatlon]
biljart (het)	**biliar**	[biliar]
bobsleeën (het)	**bobsled**	[bobsled]
bodybuilding (de)	**binaraga**	[binaraga]
waterpolo (het)	**polo air**	[polo air]
handbal (de)	**bola tangan**	[bola taŋan]
golf (het)	**golf**	[golf]
roeisport (de)	**mendayung**	[məndajuŋ]
duiken (het)	**selam skuba**	[selam skuba]
langlaufen (het)	**ski lintas alam**	[ski lintas alam]
tafeltennis (het)	**tenis meja**	[tenis medʒʲa]
zeilen (het)	**berlayar**	[bərlajar]
rally (de)	**balap reli**	[balap reli]
rugby (het)	**rugbi**	[rugbi]
snowboarden (het)	**seluncur salju**	[seluntʃur saldʒʲu]
boogschieten (het)	**memanah**	[memanah]

115. Fitnessruimte

lange halter (de)	**barbel**	[barbel]
halters (mv.)	**dumbel**	[dumbel]

training machine (de)	alat senam	[alat senam]
hometrainer (de)	sepeda statis	[sepeda statis]
loopband (de)	treadmill	[tredmil]

rekstok (de)	rekstok	[reksto']
brug (de) gelijke leggers	palang sejajar	[palaŋ sedʒ'adʒ'ar]
paardsprong (de)	kuda-kuda	[kuda-kuda]
mat (de)	matras	[matras]

springtouw (het)	lompat tali	[lompat tali]
aerobics (de)	aerobik	[aerobi']
yoga (de)	yoga	[yoga]

116. Sporten. Diversen

Olympische Spelen (mv.)	Olimpiade	[olimpiade]
winnaar (de)	pemenang	[pemenaŋ]
overwinnen (ww)	unggul	[uŋgul]
winnen (ww)	menang	[menaŋ]

| leider (de) | pemimpin | [pemimpin] |
| leiden (ww) | memimpin | [memimpin] |

eerste plaats (de)	tempat pertama	[tempat pertama]
tweede plaats (de)	tempat kedua	[tempat kedua]
derde plaats (de)	tempat ketiga	[tempat ketiga]

medaille (de)	medali	[medali]
trofee (de)	trofi	[trofi]
beker (de)	piala	[piala]
prijs (de)	hadiah	[hadiah]
hoofdprijs (de)	hadiah utama	[hadiah utama]

| record (het) | rekor | [rekor] |
| een record breken | menciptakan rekor | [mentʃiptakan rekor] |

| finale (de) | final | [final] |
| finale (bn) | final | [final] |

| kampioen (de) | juara | [dʒ'uara] |
| kampioenschap (het) | kejuaraan | [kedʒ'uara'an] |

stadion (het)	stadion	[stadion]
tribune (de)	tribun	[tribun]
fan, supporter (de)	pendukung	[pendukuŋ]
tegenstander (de)	lawan	[lawan]

| start (de) | start | [start] |
| finish (de) | finis | [finis] |

nederlaag (de)	kekalahan	[kekalahan]
verliezen (ww)	kalah	[kalah]
rechter (de)	wasit	[wasit]
jury (de)	juri	[dʒ'uri]

stand (~ is 3-1)	**skor**	[skor]
gelijkspel (het)	**seri, hasil imbang**	[seri], [hasil imbaŋ]
in gelijk spel eindigen	**bermain seri**	[bərmajn seri]
punt (het)	**poin**	[poin]
uitslag (de)	**skor, hasil akhir**	[skor], [hasil ahir]
periode (de)	**babak**	[baba']
pauze (de)	**waktu istirahat**	[waktu istirahat]
doping (de)	**doping**	[dopiŋ]
straffen (ww)	**menghukum**	[məŋhukum]
diskwalificeren (ww)	**mendiskualifikasi**	[məndiskualifikasi]
toestel (het)	**alat olahraga**	[alat olahraga]
speer (de)	**lembing**	[lembiŋ]
kogel (de)	**peluru**	[peluru]
bal (de)	**bola**	[bola]
doel (het)	**sasaran**	[sasaran]
schietkaart (de)	**sasaran**	[sasaran]
schieten (ww)	**menembak**	[mənemba']
precies (bijv. precieze schot)	**akurat**	[akurat]
trainer, coach (de)	**pelatih**	[pelatih]
trainen (ww)	**melatih**	[melatih]
zich trainen (ww)	**berlatih**	[bərlatih]
training (de)	**latihan**	[latihan]
gymnastiekzaal (de)	**gimnasium**	[gimnasium]
oefening (de)	**latihan**	[latihan]
opwarming (de)	**pemanasan**	[pemanasan]

Onderwijs

117. School

school (de)	**sekolah**	[sekolah]
schooldirecteur (de)	**kepala sekolah**	[kepala sekolah]
leerling (de)	**murid laki-laki**	[murid laki-laki]
leerlinge (de)	**murid perempuan**	[murid perempuan]
scholier (de)	**siswa**	[siswa]
scholiere (de)	**siswi**	[siswi]
leren (lesgeven)	**mengajar**	[məŋadʒ'ar]
studeren (bijv. een taal ~)	**belajar**	[beladʒ'ar]
van buiten leren	**menghafalkan**	[məŋhafalkan]
leren (bijv. ~ tellen)	**belajar**	[beladʒ'ar]
in school zijn	**bersekolah**	[bersekolah]
(schooljongen zijn)		
naar school gaan	**ke sekolah**	[ke sekolah]
alfabet (het)	**alfabet, abjad**	[alfabet], [abdʒ'ad]
vak (schoolvak)	**subjek, mata pelajaran**	[subdʒ'ek], [mata peladʒ'aran]
klaslokaal (het)	**ruang kelas**	[ruaŋ kelas]
les (de)	**pelajaran**	[peladʒ'aran]
pauze (de)	**waktu istirahat**	[waktu istirahat]
bel (de)	**lonceng**	[lontʃeŋ]
schooltafel (de)	**bangku sekolah**	[baŋku sekolah]
schoolbord (het)	**papan tulis hitam**	[papan tulis hitam]
cijfer (het)	**nilai**	[nilaj]
goed cijfer (het)	**nilai baik**	[nilaj baj']
slecht cijfer (het)	**nilai jelek**	[nilaj dʒ'ele']
een cijfer geven	**memberikan nilai**	[memberikan nilaj]
fout (de)	**kesalahan**	[kesalahan]
fouten maken	**melakukan kesalahan**	[melakukan kesalahan]
corrigeren (fouten ~)	**mengoreksi**	[məŋoreksi]
spiekbriefje (het)	**contekan**	[tʃontekan]
huiswerk (het)	**pekerjaan rumah**	[pekerdʒ'a'an rumah]
oefening (de)	**latihan**	[latihan]
aanwezig zijn (ww)	**hadir**	[hadir]
absent zijn (ww)	**absen, tidak hadir**	[absen], [tida' hadir]
school verzuimen	**absen dari sekolah**	[absen dari sekolah]
bestraffen (een stout kind ~)	**menghukum**	[məŋhukum]
bestraffing (de)	**hukuman**	[hukuman]

gedrag (het)	perilaku	[pərilaku]
cijferlijst (de)	rapor	[rapor]
potlood (het)	pensil	[pensil]
gom (de)	karet penghapus	[karet peŋhapus]
krijt (het)	kapur	[kapur]
pennendoos (de)	kotak pensil	[kota' pensil]

boekentas (de)	tas sekolah	[tas sekolah]
pen (de)	pen	[pen]
schrift (de)	buku tulis	[buku tulis]
leerboek (het)	buku pelajaran	[buku peladʒaran]
passer (de)	paser, jangka	[paser], [dʒaŋka]

| technisch tekenen (ww) | menggambar | [məŋgambar] |
| technische tekening (de) | gambar teknik | [gambar tekni'] |

gedicht (het)	puisi, sajak	[puisi], [sadʒa']
van buiten (bw)	hafal	[hafal]
van buiten leren	menghafalkan	[məŋhafalkan]

vakantie (de)	liburan sekolah	[liburan sekolah]
met vakantie zijn	berlibur	[bərlibur]
vakantie doorbrengen	menjalani liburan	[məndʒalani liburan]

toets (schriftelijke ~)	tes, kuis	[tes], [kuis]
opstel (het)	esai, karangan	[esaj], [karaŋan]
dictee (het)	dikte	[dikte]
examen (het)	ujian	[udʒian]
examen afleggen	menempuh ujian	[mənempuh udʒian]
experiment (het)	eksperimen	[eksperimen]

118. Hogeschool. Universiteit

academie (de)	akademi	[akademi]
universiteit (de)	universitas	[universitas]
faculteit (de)	fakultas	[fakultas]

student (de)	mahasiswa	[mahasiswa]
studente (de)	mahasiswi	[mahasiswi]
leraar (de)	dosen	[dosen]

| collegezaal (de) | ruang kuliah | [ruaŋ kuliah] |
| afgestudeerde (de) | lulusan | [lulusan] |

| diploma (het) | ijazah | [idʒazah] |
| dissertatie (de) | disertasi | [disertasi] |

| onderzoek (het) | penelitian | [penelitian] |
| laboratorium (het) | laboratorium | [laboratorium] |

college (het)	kuliah	[kuliah]
medestudent (de)	rekan sekuliah	[rekan sekuliah]
studiebeurs (de)	beasiswa	[beasiswa]
academische graad (de)	gelar akademik	[gelar akademi']

119. Wetenschappen. Disciplines

wiskunde (de)	matematika	[matematika]
algebra (de)	aljabar	[aldʒabar]
meetkunde (de)	geometri	[geometri]

astronomie (de)	astronomi	[astronomi]
biologie (de)	biologi	[biologi]
geografie (de)	geografi	[geografi]
geologie (de)	geologi	[geologi]
geschiedenis (de)	sejarah	[sedʒarah]

geneeskunde (de)	kedokteran	[kedokteran]
pedagogiek (de)	pedagogi	[pedagogi]
rechten (mv.)	hukum	[hukum]

fysica, natuurkunde (de)	fisika	[fisika]
scheikunde (de)	kimia	[kimia]
filosofie (de)	filsafat	[filsafat]
psychologie (de)	psikologi	[psikologi]

120. Schrift. Spelling

grammatica (de)	tatabahasa	[tatabahasa]
vocabulaire (het)	kosakata	[kosakata]
fonetiek (de)	fonetik	[foneti']

zelfstandig naamwoord (het)	nomina	[nomina]
bijvoeglijk naamwoord (het)	adjektiva	[adʒektiva]
werkwoord (het)	verba	[verba]
bijwoord (het)	adverbia	[adverbia]

voornaamwoord (het)	kata ganti	[kata ganti]
tussenwerpsel (het)	kata seru	[kata seru]
voorzetsel (het)	preposisi, kata depan	[preposisi], [kata depan]

stam (de)	kata dasar	[kata dasar]
achtervoegsel (het)	akhiran	[ahiran]
voorvoegsel (het)	prefiks, awalan	[prefiks], [awalan]
lettergreep (de)	suku kata	[suku kata]
achtervoegsel (het)	sufiks, akhiran	[sufiks], [ahiran]

nadruk (de)	tanda tekanan	[tanda tekanan]
afkappingsteken (het)	apostrofi	[apostrofi]

punt (de)	titik	[titi']
komma (de/het)	koma	[koma]
puntkomma (de)	titik koma	[titi' koma]
dubbelpunt (de)	titik dua	[titi' dua]
beletselteken (het)	elipsis, lesapan	[elipsis], [lesapan]

vraagteken (het)	tanda tanya	[tanda tanja]
uitroepteken (het)	tanda seru	[tanda seru]

aanhalingstekens (mv.)	tanda petik	[tanda peti']
tussen aanhalingstekens (bw)	dalam tanda petik	[dalam tanda peti']
haakjes (mv.)	tanda kurung	[tanda kuruŋ]
tussen haakjes (bw)	dalam tanda kurung	[dalam tanda kuruŋ]

streepje (het)	tanda pisah	[tanda pisah]
gedachtestreepje (het)	tanda hubung	[tanda hubuŋ]
spatie	spasi	[spasi]
(~ tussen twee woorden)		

letter (de)	huruf	[huruf]
hoofdletter (de)	huruf kapital	[huruf kapital]

klinker (de)	vokal	[vokal]
medeklinker (de)	konsonan	[konsonan]

zin (de)	kalimat	[kalimat]
onderwerp (het)	subjek	[subʤ'e']
gezegde (het)	predikat	[predikat]

regel (in een tekst)	baris	[baris]
op een nieuwe regel (bw)	di baris baru	[di baris baru]
alinea (de)	alinea, paragraf	[alinea], [paragraf]

woord (het)	kata	[kata]
woordgroep (de)	rangkaian kata	[raŋkajan kata]
uitdrukking (de)	ungkapan	[uŋkapan]
synoniem (het)	sinonim	[sinonim]
antoniem (het)	antonim	[antonim]

regel (de)	peraturan	[peraturan]
uitzondering (de)	perkecualian	[perketʃualian]
correct (bijv. ~e spelling)	benar, betul	[benar], [betul]

vervoeging, conjugatie (de)	konjugasi	[konʤ'ugasi]
verbuiging, declinatie (de)	deklinasi	[deklinasi]
naamval (de)	kasus nominal	[kasus nominal]
vraag (de)	pertanyaan	[pertanja'an]
onderstrepen (ww)	menggaris bawahi	[meŋgaris bawahi]
stippellijn (de)	garis bertitik	[garis bertiti']

121. Vreemde talen

taal (de)	bahasa	[bahasa]
vreemd (bn)	asing	[asiŋ]
vreemde taal (de)	bahasa asing	[bahasa asiŋ]
leren (bijv. van buiten ~)	mempelajari	[mempelaʤ'ari]
studeren (Nederlands ~)	belajar	[belaʤ'ar]

lezen (ww)	membaca	[membatʃa]
spreken (ww)	berbicara	[berbitʃara]
begrijpen (ww)	mengerti	[meŋerti]
schrijven (ww)	menulis	[menulis]
snel (bw)	cepat, fasih	[tʃepat], [fasih]

langzaam (bw)	perlahan-lahan	[pərlahan-lahan]
vloeiend (bw)	fasih	[fasih]
regels (mv.)	peraturan	[pəraturan]
grammatica (de)	tatabahasa	[tatabahasa]
vocabulaire (het)	kosakata	[kosakata]
fonetiek (de)	fonetik	[foneti']
leerboek (het)	buku pelajaran	[buku peladʒ'aran]
woordenboek (het)	kamus	[kamus]
leerboek (het) voor zelfstudie	buku autodidak	[buku autodida']
taalgids (de)	panduan percakapan	[panduan pərtʃakapan]
cassette (de)	kaset	[kaset]
videocassette (de)	kaset video	[kaset video]
CD (de)	cakram kompak	[tʃakram kompa']
DVD (de)	cakram DVD	[tʃakram di-vi-di]
alfabet (het)	alfabet, abjad	[alfabet], [abdʒ'ad]
spellen (ww)	mengeja	[məŋedʒ'a]
uitspraak (de)	pelafalan	[pelafalan]
accent (het)	aksen	[aksen]
met een accent (bw)	dengan aksen	[deŋan aksen]
zonder accent (bw)	tanpa aksen	[tanpa aksen]
woord (het)	kata	[kata]
betekenis (de)	arti	[arti]
cursus (de)	kursus	[kursus]
zich inschrijven (ww)	Mendaftar	[məndaftar]
leraar (de)	guru	[guru]
vertaling (een ~ maken)	penerjemahan	[penerdʒ'emahan]
vertaling (tekst)	terjemahan	[tərdʒ'emahan]
vertaler (de)	penerjemah	[penerdʒ'emah]
tolk (de)	juru bahasa	[dʒ'uru bahasa]
polyglot (de)	poliglot	[poliglot]
geheugen (het)	memori, daya ingat	[memori], [daja iŋat]

122. Sprookjesfiguren

Sinterklaas (de)	Sinterklas	[sinterklas]
Assepoester (de)	Cinderella	[tʃinderella]
zeemeermin (de)	putri duyung	[putri duyuŋ]
Neptunus (de)	Neptunus	[neptunus]
magiër, tovenaar (de)	penyihir	[penjihir]
goede heks (de)	peri	[peri]
magisch (bn)	sihir	[sihir]
toverstokje (het)	tongkat sihir	[toŋkat sihir]
sprookje (het)	dongeng	[doŋeŋ]
wonder (het)	keajaiban	[keadʒ'ajban]

| dwerg (de) | kerdil, katai | [kerdil], [kataj] |
| veranderen in ... (anders worden) | menjelma menjadi ... | [məndʒ elma məndʒ adi ...] |

geest (de)	hantu	[hantu]
spook (het)	fantom	[fantom]
monster (het)	monster	[monster]
draak (de)	naga	[naga]
reus (de)	raksasa	[raksasa]

123. Dierenriem

Ram (de)	Aries	[aries]
Stier (de)	Taurus	[taurus]
Tweelingen (mv.)	Gemini	[dʒ emini]
Kreeft (de)	Cancer	[kanser]
Leeuw (de)	Leo	[leo]
Maagd (de)	Virgo	[virgo]

Weegschaal (de)	Libra	[libra]
Schorpioen (de)	Scorpio	[skorpio]
Boogschutter (de)	Sagitarius	[sagitarius]
Steenbok (de)	Capricorn	[keprikon]
Waterman (de)	Aquarius	[akuarius]
Vissen (mv.)	Pisces	[pistʃes]

karakter (het)	karakter	[karakter]
karaktertrekken (mv.)	ciri karakter	[tʃiri karakter]
gedrag (het)	tingkah laku	[tiŋkah laku]
waarzeggen (ww)	meramal	[meramal]
waarzegster (de)	peramal	[pəramal]
horoscoop (de)	horoskop	[horoskop]

Kunst

124. Theater

theater (het)	teater	[teater]
opera (de)	opera	[opera]
operette (de)	opereta	[opereta]
ballet (het)	balet	[balet]
affiche (de/het)	poster	[poster]
theatergezelschap (het)	rombongan teater	[romboŋan teater]
tournee (de)	tur, pertunjukan keliling	[tur], [pertundʒ'ukan keliliŋ]
op tournee zijn	mengadakan tur	[məŋadakan tur]
repeteren (ww)	berlatih	[berlatih]
repetitie (de)	geladi	[geladi]
repertoire (het)	repertoar	[repertoar]
voorstelling (de)	pertunjukan	[pertundʒ'ukan]
spektakel (het)	pergelaran	[pergelaran]
toneelstuk (het)	lakon	[lakon]
biljet (het)	tiket	[tiket]
kassa (de)	loket tiket	[loket tiket]
foyer (de)	lobi, ruang depan	[lobi], [ruaŋ depan]
garderobe (de)	tempat penitipan jas	[tempat penitipan dʒ'as]
garderobe nummer (het)	nomor penitipan jas	[nomor penitipan dʒ'as]
verrekijker (de)	binokular	[binokular]
plaatsaanwijzer (de)	petugas penyobek tiket	[petugas penjobe' tiket]
parterre (de)	kursi orkestra	[kursi orkestra]
balkon (het)	balkon	[balkon]
gouden rang (de)	tingkat pertama	[tiŋkat pertama]
loge (de)	boks	[boks]
rij (de)	barisan	[barisan]
plaats (de)	tempat duduk	[tempat dudu']
publiek (het)	khalayak	[halaja']
kijker (de)	penonton	[penonton]
klappen (ww)	bertepuk tangan	[bertepu' taŋan]
applaus (het)	aplaus, tepuk tangan	[aplaus], [tepu' taŋan]
ovatie (de)	ovasi, tepuk tangan	[ovasi], [tepu' taŋan]
toneel (op het ~ staan)	panggung	[paŋguŋ]
gordijn, doek (het)	tirai	[tiraj]
toneeldecor (het)	tata panggung	[tata paŋguŋ]
backstage (de)	belakang panggung	[belakaŋ paŋguŋ]
scène (de)	adegan	[adegan]
bedrijf (het)	babak	[baba']
pauze (de)	waktu istirahat	[waktu istirahat]

125. Bioscoop

acteur (de)	**aktor**	[aktor]
actrice (de)	**aktris**	[aktris]
bioscoop (de)	**sinematografi, perfilman**	[sinematografi], [pərfilman]
speelfilm (de)	**film**	[film]
aflevering (de)	**episode, seri**	[episode], [seri]
detectivefilm (de)	**detektif**	[detektif]
actiefilm (de)	**film laga**	[film laga]
avonturenfilm (de)	**film petualangan**	[film petualaŋan]
sciencefictionfilm (de)	**film fiksi ilmiah**	[film fiksi ilmiah]
griezelfilm (de)	**film horor**	[film horor]
komedie (de)	**film komedi**	[film komedi]
melodrama (het)	**melodrama**	[melodrama]
drama (het)	**drama**	[drama]
speelfilm (de)	**film fiksi**	[film fiksi]
documentaire (de)	**film dokumenter**	[film dokumenter]
tekenfilm (de)	**kartun**	[kartun]
stomme film (de)	**film bisu**	[film bisu]
rol (de)	**peran**	[peran]
hoofdrol (de)	**peran utama**	[peran utama]
spelen (ww)	**berperan**	[bərperan]
filmster (de)	**bintang film**	[bintaŋ film]
bekend (bn)	**terkenal**	[tərkenal]
beroemd (bn)	**terkenal**	[tərkenal]
populair (bn)	**populer, terkenal**	[populer], [tərkenal]
scenario (het)	**skenario**	[skenario]
scenarioschrijver (de)	**penulis skenario**	[penulis skenario]
regisseur (de)	**sutradara**	[sutradara]
filmproducent (de)	**produser**	[produser]
assistent (de)	**asisten**	[asisten]
cameraman (de)	**kamerawan**	[kamerawan]
stuntman (de)	**pemeran pengganti**	[pemeran peŋganti]
stuntdubbel (de)	**pengganti**	[peŋganti]
een film maken	**merekam film**	[merekam film]
auditie (de)	**audisi**	[audisi]
opnamen (mv.)	**syuting, pengambilan gambar**	[ʃyutiŋ], [peɲambilan gambar]
filmploeg (de)	**rombongan film**	[romboŋan film]
filmset (de)	**set film**	[set film]
filmcamera (de)	**kamera**	[kamera]
bioscoop (de)	**bioskop**	[bioskop]
scherm (het)	**layar**	[lajar]
een film vertonen	**menayangkan film**	[mənajaŋkan film]
geluidsspoor (de)	**soundtrack, trek suara**	[saundtrek], [tre' suara]
speciale effecten (mv.)	**efek khusus**	[efe' husus]

ondertiteling (de)	subjudul, teks film	[subdʒʲudul], [teks film]
voortiteling, aftiteling (de)	ucapan terima kasih	[utʃapan tərima kasih]
vertaling (de)	terjemahan	[tərdʒʲemahan]

126. Schilderij

kunst (de)	seni	[seni]
schone kunsten (mv.)	seni rupa	[seni rupa]
kunstgalerie (de)	galeri seni	[galeri seni]
kunsttentoonstelling (de)	pameran seni	[pameran seni]
schilderkunst (de)	seni lukis	[seni lukis]
grafiek (de)	seni grafis	[seni grafis]
abstracte kunst (de)	seni abstrak	[seni abstraʔ]
impressionisme (het)	impresionisme	[impresionisme]
schilderij (het)	lukisan	[lukisan]
tekening (de)	gambar	[gambar]
poster (de)	poster	[poster]
illustratie (de)	ilustrasi	[ilustrasi]
miniatuur (de)	miniatur	[miniatur]
kopie (de)	salinan	[salinan]
reproductie (de)	reproduksi	[reproduksi]
mozaïek (het)	mozaik	[mozajʔ]
gebrandschilderd glas (het)	kaca berwarna	[katʃa bərwarna]
fresco (het)	fresko	[fresko]
gravure (de)	gravir	[gravir]
buste (de)	patung sedada	[patuŋ sedada]
beeldhouwwerk (het)	seni patung	[seni patuŋ]
beeld (bronzen ~)	patung	[patuŋ]
gips (het)	gips	[gips]
gipsen (bn)	dari gips	[dari gips]
portret (het)	potret	[potret]
zelfportret (het)	potret diri	[potret diri]
landschap (het)	lukisan lanskap	[lukisan lanskap]
stilleven (het)	alam benda	[alam benda]
karikatuur (de)	karikatur	[karikatur]
schets (de)	sketsa	[sketsa]
verf (de)	cat	[tʃat]
aquarel (de)	cat air	[tʃat air]
olieverf (de)	cat minyak	[tʃat minjaʔ]
potlood (het)	pensil	[pensil]
Oostindische inkt (de)	tinta gambar	[tinta gambar]
houtskool (de)	arang	[araŋ]
tekenen (met krijt)	menggambar	[məŋgambar]
schilderen (ww)	melukis	[melukis]
poseren (ww)	berpose	[bərpose]
naaktmodel (man)	model lelaki	[model lelaki]

naaktmodel (vrouw)	**model perempuan**	[model perempuan]
kunstenaar (de)	**perupa**	[perupa]
kunstwerk (het)	**karya seni**	[karja seni]
meesterwerk (het)	**adikarya, mahakarya**	[adikarja], [mahakarja]
studio, werkruimte (de)	**studio seni**	[studio seni]
schildersdoek (het)	**kanvas**	[kanvas]
schildersezel (de)	**esel, kuda-kuda**	[esel], [kuda-kuda]
palet (het)	**palet**	[palet]
lijst (een vergulde ~)	**bingkai**	[biŋkaj]
restauratie (de)	**pemugaran**	[pemugaran]
restaureren (ww)	**memugar**	[memugar]

127. Literatuur & Poëzie

literatuur (de)	**sastra, kesusastraan**	[sastra], [kesusastra'an]
auteur (de)	**pengarang**	[peŋaraŋ]
pseudoniem (het)	**pseudonim,**	[pseudonim],
	nama samaran	[nama samaran]
boek (het)	**buku**	[buku]
boekdeel (het)	**jilid**	[dʒilid]
inhoudsopgave (de)	**daftar isi**	[daftar isi]
pagina (de)	**halaman**	[halaman]
hoofdpersoon (de)	**karakter utama**	[karakter utama]
handtekening (de)	**tanda tangan**	[tanda taŋan]
verhaal (het)	**cerpen**	[tʃerpen]
novelle (de)	**novel, cerita**	[novel], [tʃerita]
roman (de)	**novel**	[novel]
werk (literatuur)	**karya**	[karja]
fabel (de)	**fabel**	[fabel]
detectiveroman (de)	**novel detektif**	[novel detektif]
gedicht (het)	**puisi, sajak**	[puisi], [sadʒ'a']
poëzie (de)	**puisi**	[puisi]
epos (het)	**puisi**	[puisi]
dichter (de)	**penyair**	[penjajr]
fictie (de)	**fiksi**	[fiksi]
sciencefiction (de)	**fiksi ilmiah**	[fiksi ilmiah]
avonturenroman (de)	**petualangan**	[petualaŋan]
opvoedkundige literatuur (de)	**literatur pendidikan**	[literatur pendidikan]
kinderliteratuur (de)	**sastra kanak-kanak**	[sastra kana'-kana']

128. Circus

circus (de/het)	**sirkus**	[sirkus]
chapiteau circus (de/het)	**sirkus keliling**	[sirkus keliliŋ]
programma (het)	**program**	[program]
voorstelling (de)	**pertunjukan**	[pertundʒ'ukan]

| nummer (circus ~) | aksi | [aksi] |
| arena (de) | arena | [arena] |

| pantomime (de) | pantomim | [pantomim] |
| clown (de) | badut | [badut] |

acrobaat (de)	pemain akrobat	[pemajn akrobat]
acrobatiek (de)	akrobatik	[akrobatiʔ]
gymnast (de)	pesenam	[pesenam]
gymnastiek (de)	senam	[senam]
salto (de)	salto	[salto]

sterke man (de)	orang kuat	[oraŋ kuat]
temmer (de)	penjinak hewan	[pendʒinaʔ hewan]
ruiter (de)	penunggang kuda	[penuŋgaŋ kuda]
assistent (de)	asisten	[asisten]

stunt (de)	stunt	[stun]
goocheltruc (de)	trik sulap	[triʔ sulap]
goochelaar (de)	pesulap	[pesulap]

jongleur (de)	juggler	[dʒˡuggler]
jongleren (ww)	bermain juggling	[bərmajn dʒˡuggliŋ]
dierentrainer (de)	pelatih binatang	[pelatih binataŋ]
dressuur (de)	pelatihan binatang	[pelatihan binataŋ]
dresseren (ww)	melatih	[melatih]

129. Muziek. Popmuziek

muziek (de)	musik	[musiʔ]
muzikant (de)	musisi, musikus	[musisi], [musikus]
muziekinstrument (het)	alat musik	[alat musiʔ]
spelen (bijv. gitaar ~)	bermain ...	[bərmajn ...]

gitaar (de)	gitar	[gɪtar]
viool (de)	biola	[biola]
cello (de)	selo	[selo]
contrabas (de)	kontrabas	[kontrabas]
harp (de)	harpa	[harpa]

piano (de)	piano	[piano]
vleugel (de)	grand piano	[grand piano]
orgel (het)	organ	[organ]

blaasinstrumenten (mv.)	alat musik tiup	[alat musiʔ tiup]
hobo (de)	obo	[obo]
saxofoon (de)	saksofon	[saksofon]
klarinet (de)	klarinet	[klarinet]
fluit (de)	suling	[suliŋ]
trompet (de)	trompet	[trompet]

accordeon (de/het)	akordeon	[akordeon]
trommel (de)	drum	[drum]
duet (het)	duo, duet	[duo], [duet]

trio (het)	**trio**	[trio]
kwartet (het)	**kuartet**	[kuartet]
koor (het)	**kor**	[kor]
orkest (het)	**orkestra**	[orkestra]
popmuziek (de)	**musik pop**	[musi' pop]
rockmuziek (de)	**musik rok**	[musi' ro']
rockgroep (de)	**grup musik rok**	[grup musi' ro']
jazz (de)	**jaz**	[dʒiaz]
idool (het)	**idola**	[idola]
bewonderaar (de)	**pengagum**	[peŋagum]
concert (het)	**konser**	[konser]
symfonie (de)	**simfoni**	[simfoni]
compositie (de)	**komposisi**	[komposisi]
componeren (muziek ~)	**menggubah, mencipta**	[məŋgubah], [məntʃipta]
zang (de)	**nyanyian**	[njanjian]
lied (het)	**lagu**	[lagu]
melodie (de)	**nada, melodi**	[nada], [melodi]
ritme (het)	**irama**	[irama]
blues (de)	**musik blues**	[musi' blus]
bladmuziek (de)	**notasi musik**	[notasi musi']
dirigeerstok (baton)	**tongkat dirigen**	[toŋkat dirigen]
strijkstok (de)	**penggesek**	[peŋgese']
snaar (de)	**tali, senar**	[tali], [senar]
koffer (de)	**wadah**	[wadah]

Rusten. Entertainment. Reizen

130. Trip. Reizen

toerisme (het)	**pariwisata**	[pariwisata]
toerist (de)	**turis, wisatawan**	[turis], [wisatawan]
reis (de)	**pengembaraan**	[peŋembara'an]
avontuur (het)	**petualangan**	[petualaŋan]
tocht (de)	**perjalanan, lawatan**	[perdʒʲalanan], [lawatan]
vakantie (de)	**liburan**	[liburan]
met vakantie zijn	**berlibur**	[berlibur]
rust (de)	**istirahat**	[istirahat]
trein (de)	**kereta api**	[kereta api]
met de trein	**naik kereta api**	[nai' kereta api]
vliegtuig (het)	**pesawat terbang**	[pesawat terbaŋ]
met het vliegtuig	**naik pesawat terbang**	[nai' pesawat terbaŋ]
met de auto	**naik mobil**	[nai' mobil]
per schip (bw)	**naik kapal**	[nai' kapal]
bagage (de)	**bagasi**	[bagasi]
valies (de)	**koper**	[koper]
bagagekarretje (het)	**troli bagasi**	[troli bagasi]
paspoort (het)	**paspor**	[paspor]
visum (het)	**visa**	[visa]
kaartje (het)	**tiket**	[tiket]
vliegticket (het)	**tiket pesawat terbang**	[tiket pesawat terbaŋ]
reisgids (de)	**buku pedoman**	[buku pedoman]
kaart (de)	**peta**	[peta]
gebied (landelijk ~)	**kawasan**	[kawasan]
plaats (de)	**tempat**	[tempat]
exotische bestemming (de)	**keeksotisan**	[keeksotisan]
exotisch (bn)	**eksotis**	[eksotis]
verwonderlijk (bn)	**menakjubkan**	[menakdʒʲubkan]
groep (de)	**kelompok**	[kelompo']
rondleiding (de)	**ekskursi**	[ekskursi]
gids (de)	**pemandu wisata**	[pemandu wisata]

131. Hotel

motel (het)	**motel**	[motel]
3-sterren	**bintang tiga**	[bintaŋ tiga]
5-sterren	**bintang lima**	[bintaŋ lima]

overnachten (ww)	**menginap**	[məŋinap]
kamer (de)	**kamar**	[kamar]
eenpersoonskamer (de)	**kamar tunggal**	[kamar tuŋgal]
tweepersoonskamer (de)	**kamar ganda**	[kamar ganda]
een kamer reserveren	**memesan kamar**	[memesan kamar]
halfpension (het)	**sewa setengah**	[sewa seteŋah]
volpension (het)	**sewa penuh**	[sewa penuh]
met badkamer	**dengan kamar mandi**	[deŋan kamar mandi]
met douche	**dengan pancuran**	[deŋan panʧuran]
satelliet-tv (de)	**televisi satelit**	[televisi satelit]
airconditioner (de)	**penyejuk udara**	[penjedʒⁱuˀ udara]
handdoek (de)	**handuk**	[handuˀ]
sleutel (de)	**kunci**	[kunʧi]
administrateur (de)	**administrator**	[administrator]
kamermeisje (het)	**pelayan kamar**	[pelajan kamar]
piccolo (de)	**porter**	[porter]
portier (de)	**pramupintu**	[pramupintu]
restaurant (het)	**restoran**	[restoran]
bar (de)	**bar**	[bar]
ontbijt (het)	**makan pagi, sarapan**	[makan pagi], [sarapan]
avondeten (het)	**makan malam**	[makan malam]
buffet (het)	**prasmanan**	[prasmanan]
hal (de)	**lobi**	[lobi]
lift (de)	**elevator**	[elevator]
NIET STOREN	**JANGAN MENGGANGGU**	[dʒaŋan məŋgaŋgu]
VERBODEN TE ROKEN!	**DILARANG MEROKOK!**	[dilaraŋ merokoˀ!]

132. Boeken. Lezen

boek (het)	**buku**	[buku]
auteur (de)	**pengarang**	[peŋaraŋ]
schrijver (de)	**penulis**	[penulis]
schrijven (een boek)	**menulis**	[mənulis]
lezer (de)	**pembaca**	[pembaʧa]
lezen (ww)	**membaca**	[membaʧa]
lezen (het)	**membaca**	[membaʧa]
stil (~ lezen)	**dalam hati**	[dalam hati]
hardop (~ lezen)	**dengan keras**	[deŋan keras]
uitgeven (boek ~)	**menerbitkan**	[mənerbitkan]
uitgeven (het)	**penerbitan**	[penerbitan]
uitgever (de)	**penerbit**	[penerbit]
uitgeverij (de)	**penerbit**	[penerbit]
verschijnen (bijv. boek)	**terbit**	[terbit]
verschijnen (het)	**penerbitan**	[penerbitan]

oplage (de)	oplah	[oplah]
boekhandel (de)	toko buku	[toko buku]
bibliotheek (de)	perpustakaan	[pərpustakaʔan]
novelle (de)	novel, cerita	[novel], [ʧerita]
verhaal (het)	cerpen	[ʧerpen]
roman (de)	novel	[novel]
detectiveroman (de)	novel detektif	[novel detektif]
memoires (mv.)	memoir	[memoir]
legende (de)	legenda	[legenda]
mythe (de)	mitos	[mitos]
gedichten (mv.)	puisi	[puisi]
autobiografie (de)	autobiografi	[autobiografi]
bloemlezing (de)	karya pilihan	[karja pilihan]
sciencefiction (de)	fiksi ilmiah	[fiksi ilmiah]
naam (de)	judul	[dʒʲudul]
inleiding (de)	pendahuluan	[pendahuluan]
voorblad (het)	halaman judul	[halaman dʒʲudul]
hoofdstuk (het)	bab	[bab]
fragment (het)	kutipan	[kutipan]
episode (de)	episode	[episode]
intrige (de)	alur cerita	[alur ʧerita]
inhoud (de)	daftar isi	[daftar isi]
inhoudsopgave (de)	daftar isi	[daftar isi]
hoofdpersonage (het)	karakter utama	[karakter utama]
boekdeel (het)	jilid	[dʒilid]
omslag (de/het)	sampul	[sampul]
boekband (de)	penjilidan	[pendʒilidan]
bladwijzer (de)	pembatas buku	[pembatas buku]
pagina (de)	halaman	[halaman]
bladeren (ww)	membolak-balik	[membolaʔ-baliʔ]
marges (mv.)	margin	[margin]
annotatie (de)	anotasi, catatan	[anotasi]. [ʧatatan]
opmerking (de)	catatan kaki	[ʧatatan kaki]
tekst (de)	teks	[teks]
lettertype (het)	huruf	[huruf]
drukfout (de)	salah cetak	[salah ʧetaʔ]
vertaling (de)	terjemahan	[tərdʒʲemahan]
vertalen (ww)	menerjemahkan	[mənerdʒʲemahkan]
origineel (het)	orisinal	[orisinal]
beroemd (bn)	terkenal	[tərkenal]
onbekend (bn)	tidak dikenali	[tidaʔ dikenali]
interessant (bn)	menarik	[mənariʔ]
bestseller (de)	buku laris	[buku laris]
woordenboek (het)	kamus	[kamus]
leerboek (het)	buku pelajaran	[buku peladʒʲaran]
encyclopedie (de)	ensiklopedi	[ensiklopedi]

133. Jacht. Vissen

jacht (de)	perburuan	[pərburuan]
jagen (ww)	berburu	[bərburu]
jager (de)	pemburu	[pemburu]
schieten (ww)	menembak	[mənembaʔ]
geweer (het)	senapan	[senapan]
patroon (de)	peluru, patrun	[peluru], [patrun]
hagel (de)	peluru gotri	[peluru gotri]
val (de)	perangkap	[pəraŋkap]
valstrik (de)	perangkap	[pəraŋkap]
in de val trappen	terperangkap	[tərpəraŋkap]
een val zetten	memasang perangkap	[memasaŋ pəraŋkap]
stroper (de)	pemburu ilegal	[pemburu ilegal]
wild (het)	binatang buruan	[binataŋ buruan]
jachthond (de)	anjing pemburu	[andʒiŋ pemburu]
safari (de)	safari	[safari]
opgezet dier (het)	patung binatang	[patuŋ binataŋ]
visser (de)	nelayan, pemancing	[nelajan], [pemantʃiŋ]
visvangst (de)	memancing	[memantʃiŋ]
vissen (ww)	memancing	[memantʃiŋ]
hengel (de)	joran	[dʒoran]
vislijn (de)	tali pancing	[tali pantʃiŋ]
haak (de)	kail	[kail]
dobber (de)	pelampung	[pelampuŋ]
aas (het)	umpan	[umpan]
de hengel uitwerpen	melempar pancing	[melempar pantʃiŋ]
bijten (ov. de vissen)	memakan umpan	[memakan umpan]
vangst (de)	tangkapan	[taŋkapan]
wak (het)	lubang es	[lubaŋ es]
net (het)	jala	[dʒʲala]
boot (de)	perahu	[pərahu]
vissen met netten	menjala	[məndʒʲala]
het net uitwerpen	menabur jala	[mənabur dʒʲala]
het net binnenhalen	menarik jala	[mənariʔ dʒʲala]
in het net vallen	tertangkap dalam jala	[tərtaŋkap dalam dʒʲala]
walvisvangst (de)	pemburu paus	[pemburu paus]
walvisvaarder (de)	kapal pemburu paus	[kapal pemburu paus]
harpoen (de)	tempuling	[tempuliŋ]

134. Spellen. Biljart

biljart (het)	biliar	[biliar]
biljartzaal (de)	kamar biliar	[kamar biliar]
biljartbal (de)	bola	[bola]

een bal in het gat jagen	memasukkan bola	[memasu'kan bola]
keu (de)	stik	[sti']
gat (het)	lubang meja biliar	[lubaŋ medʒia biliar]

135. Spellen. Speelkaarten

ruiten (mv.)	wajik	[wadʒi']
schoppen (mv.)	sekop	[sekop]
klaveren (mv.)	hati	[hati]
harten (mv.)	keriting	[keritiŋ]

aas (de)	as	[as]
koning (de)	raja	[radʒia]
dame (de)	ratu	[ratu]
boer (de)	jack	[dʒie']

speelkaart (de)	kartu permainan	[kartu pərmajnan]
kaarten (mv.)	kartu	[kartu]
troef (de)	truf	[truf]
pak (het) kaarten	pak kartu	[pa' kartu]

punt (bijv. vijftig ~en)	poin	[poin]
uitdelen (kaarten ~)	membagikan	[membagikan]
schudden (de kaarten ~)	mengocok	[məŋotʃo']
beurt (de)	giliran	[giliran]
valsspeler (de)	pemain kartu curang	[pemajn kartu tʃuraŋ]

136. Rusten. Spellen. Diversen

wandelen (on.ww.)	berjalan-jalan	[bərdʒialan-dʒialan]
wandeling (de)	jalan-jalan	[dʒialan-dʒialan]
trip (per auto)	perjalanan	[pərdʒialanan]
avontuur (het)	petualangan	[petualaŋan]
picknick (de)	piknik	[pikni']

spel (het)	permainan	[pərmajnan]
speler (de)	pemain	[pemajn]
partij (de)	partai	[partaj]

collectioneur (de)	kolektor	[kolektor]
collectioneren (ww)	mengoleksi	[məŋoleksi]
collectie (de)	koleksi	[koleksi]

kruiswoordraadsel (het)	teka-teki silang	[teka-teki silaŋ]
hippodroom (de)	lapangan pacu	[lapaŋan patʃu]
discotheek (de)	diskotik	[diskoti']

| sauna (de) | sauna | [sauna] |
| loterij (de) | lotre | [lotre] |

| trektocht (kampeertocht) | darmawisata | [darmawisata] |
| kamp (het) | perkemahan | [pərkemahan] |

tent (de)	tenda, kemah	[tenda], [kemah]
kompas (het)	kompas	[kompas]
rugzaktoerist (de)	pewisata alam	[pewisata alam]

bekijken (een film ~)	menonton	[menonton]
kijker (televisie~)	penonton	[penonton]
televisie-uitzending (de)	acara TV	[atʃara ti-vi]

137. Fotografie

| fotocamera (de) | kamera | [kamera] |
| foto (de) | foto | [foto] |

fotograaf (de)	fotografer	[fotografer]
fotostudio (de)	studio foto	[studio foto]
fotoalbum (het)	album foto	[album foto]

lens (de), objectief (het)	lensa kamera	[lensa kamera]
telelens (de)	lensa telefoto	[lensa telefoto]
filter (de/het)	filter	[filter]
lens (de)	lensa	[lensa]

optiek (de)	alat optik	[alat optiʔ]
diafragma (het)	diafragma	[diafragma]
belichtingstijd (de)	kecepatan rana	[ketʃepatan rana]
zoeker (de)	jendela pengamat	[dʒʲendela peŋamat]

digitale camera (de)	kamera digital	[kamera digital]
statief (het)	kakitiga	[kakitiga]
flits (de)	blitz	[blits]
fotograferen (ww)	memotret	[memotret]
kieken (foto's maken)	memotret	[memotret]
zich laten fotograferen	berfoto	[berfoto]

focus (de)	fokus	[fokus]
scherpstellen (ww)	mengatur fokus	[meŋatur fokus]
scherp (bn)	tajam	[tadʒʲam]
scherpte (de)	ketajaman	[ketadʒʲaman]

| contrast (het) | kekontrasan | [kekontrasan] |
| contrastrijk (bn) | kontras | [kontras] |

kiekje (het)	gambar foto	[gambar foto]
negatief (het)	negatif	[negatif]
filmpje (het)	film	[film]
beeld (frame)	frame, gambar diam	[frame], [gambar diam]
afdrukken (foto's ~)	mencetak	[mentʃetaʔ]

138. Strand. Zwemmen

| strand (het) | pantai | [pantaj] |
| zand (het) | pasir | [pasir] |

leeg (~ strand)	sepi	[sepi]
bruine kleur (de)	hitam terbakar matahari	[hitam tərbakar matahari]
zonnebaden (ww)	berjemur di sinar matahari	[bərʤemur di sinar matahari]
gebruind (bn)	hitam terbakar matahari	[hitam tərbakar matahari]
zonnecrème (de)	tabir surya	[tabir surja]
bikini (de)	bikini	[bikini]
badpak (het)	baju renang	[baʤu renaŋ]
zwembroek (de)	celana renang	[ʧelana renaŋ]
zwembad (het)	kolam renang	[kolam renaŋ]
zwemmen (ww)	berenang	[bərenaŋ]
douche (de)	pancuran	[panʧuran]
zich omkleden (ww)	berganti pakaian	[bərganti pakajan]
handdoek (de)	handuk	[handu']
boot (de)	perahu	[pərahu]
motorboot (de)	perahu motor	[pərahu motor]
waterski's (mv.)	ski air	[ski air]
waterfiets (de)	sepeda air	[sepeda air]
surfen (het)	berselancar	[bərselanʧar]
surfer (de)	peselancar	[peselanʧar]
scuba, aqualong (de)	alat scuba	[alat skuba]
zwemvliezen (mv.)	sirip karet	[sirip karet]
duikmasker (het)	masker	[masker]
duiker (de)	penyelam	[penjelam]
duiken (ww)	menyelam	[mənjelam]
onder water (bw)	bawah air	[bawah air]
parasol (de)	payung	[pajuŋ]
ligstoel (de)	kursi pantai	[kursi pantaj]
zonnebril (de)	kacamata hitam	[kaʧamata hitam]
luchtmatras (de/het)	kasur udara	[kasur udara]
spelen (ww)	bermain	[bərmajn]
gaan zwemmen (ww)	berenang	[bərenaŋ]
bal (de)	bola pantai	[bola pantaj]
opblazen (oppompen)	meniup	[məniup]
lucht-, opblaasbare (bn)	udara	[udara]
golf (hoge ~)	gelombang	[gelombaŋ]
boei (de)	pelampung	[pelampuŋ]
verdrinken (ww)	tenggelam	[teŋgelam]
redden (ww)	menyelamatkan	[mənjelamatkan]
reddingsvest (de)	jaket pelampung	[ʤaket pelampuŋ]
waarnemen (ww)	mengamati	[məŋamati]
redder (de)	penyelamat	[penjelamat]

TECHNISCHE APPARATUUR. VERVOER

Technische apparatuur

139. Computer

computer (de)	komputer	[komputer]
laptop (de)	laptop	[laptop]
aanzetten (ww)	menyalakan	[mənjalakan]
uitzetten (ww)	mematikan	[mematikan]
toetsenbord (het)	keyboard, papan tombol	[keybor], [papan tombol]
toets (enter~)	tombol	[tombol]
muis (de)	tetikus	[tetikus]
muismat (de)	bantal tetikus	[bantal tetikus]
knopje (het)	tombol	[tombol]
cursor (de)	kursor	[kursor]
monitor (de)	monitor	[monitor]
scherm (het)	layar	[lajar]
harde schijf (de)	hard disk, cakram keras	[hard disk], [t͡ʃakram keras]
volume (het)	kapasitas cakram keras	[kapasitas t͡ʃakram keras]
van de harde schijf		
geheugen (het)	memori	[memori]
RAM-geheugen (het)	memori akses acak	[memori akses at͡ʃaʔ]
bestand (het)	file, berkas	[file], [bərkas]
folder (de)	folder	[folder]
openen (ww)	membuka	[membuka]
sluiten (ww)	menutup	[mənutup]
opslaan (ww)	menyimpan	[mənjimpan]
verwijderen (wissen)	menghapus	[məŋhapus]
kopiëren (ww)	menyalin	[mənjalin]
sorteren (ww)	menyortir	[mənjortir]
overplaatsen (ww)	mentransfer	[məntransfer]
programma (het)	program	[program]
software (de)	perangkat lunak	[pəraŋkat lunaʔ]
programmeur (de)	pemrogram	[pemrogram]
programmeren (ww)	memprogram	[memprogram]
hacker (computerkraker)	peretas	[pəretas]
wachtwoord (het)	kata sandi	[kata sandi]
virus (het)	virus	[virus]
ontdekken (virus ~)	mendeteksi	[məndeteksi]

| byte (de) | bita | [bita] |
| megabyte (de) | megabita | [megabita] |

| data (de) | data | [data] |
| databank (de) | basis data, pangkalan data | [basis data], [paŋkalan data] |

kabel (USB-~, enz.)	kabel	[kabel]
afsluiten (ww)	melepaskan	[melepaskan]
aansluiten op (ww)	menyambungkan	[mənjambuŋkan]

140. Internet. E-mail

internet (het)	Internet	[internet]
browser (de)	peramban	[pəramban]
zoekmachine (de)	mesin telusur	[mesin telusur]
internetprovider (de)	provider	[provider]

webmaster (de)	webmaster, perancang web	[webmaster], [pərantʃaŋ web]
website (de)	situs web	[situs web]
webpagina (de)	halaman web	[halaman web]

| adres (het) | alamat | [alamat] |
| adresboek (het) | buku alamat | [buku alamat] |

postvak (het)	kotak surat	[kota' surat]
post (de)	surat	[surat]
vol (~ postvak)	penuh	[penuh]

bericht (het)	pesan	[pesan]
binnenkomende berichten (mv.)	pesan masuk	[pesan masu']
uitgaande berichten (mv.)	pesan keluar	[pesan keluar]

verzender (de)	pengirim	[peŋirim]
verzenden (ww)	mengirim	[məŋirim]
verzending (de)	pengiriman	[peŋiriman]

| ontvanger (de) | penerima | [penerima] |
| ontvangen (ww) | menerima | [mənerima] |

| correspondentie (de) | surat-menyurat | [surat-menyurat] |
| corresponderen (met ...) | surat-menyurat | [surat-menyurat] |

bestand (het)	file, berkas	[file], [bərkas]
downloaden (ww)	mengunduh	[məŋunduh]
creëren (ww)	membuat	[membuat]
verwijderen (een bestand ~)	menghapus	[məŋhapus]
verwijderd (bn)	terhapus	[tərhapus]

verbinding (de)	koneksi	[koneksi]
snelheid (de)	kecepatan	[ketʃepatan]
modem (de)	modem	[modem]
toegang (de)	akses	[akses]
poort (de)	porta	[porta]

aansluiting (de)	**koneksi**	[koneksi]
zich aansluiten (ww)	**terhubung ke ...**	[tərhubuŋ ke ...]
selecteren (ww)	**memilih**	[memilih]
zoeken (ww)	**mencari ...**	[məntʃari ...]

Vervoer

141. Vliegtuig

vliegtuig (het)	pesawat terbang	[pesawat tərbaŋ]
vliegticket (het)	tiket pesawat terbang	[tiket pesawat tərbaŋ]
luchtvaartmaatschappij (de)	maskapai penerbangan	[maskapaj penerbaŋan]
luchthaven (de)	bandara	[bandara]
supersonisch (bn)	supersonik	[supersoniʔ]
gezagvoerder (de)	kapten	[kapten]
bemanning (de)	awak	[awaʔ]
piloot (de)	pilot	[pilot]
stewardess (de)	pramugari	[pramugari]
stuurman (de)	navigator, penavigasi	[navigator], [penavigasi]
vleugels (mv.)	sayap	[sajap]
staart (de)	ekor	[ekor]
cabine (de)	kokpit	[kokpit]
motor (de)	mesin	[mesin]
landingsgestel (het)	roda pendarat	[roda pendarat]
turbine (de)	turbin	[turbin]
propeller (de)	baling-baling	[baliŋ-baliŋ]
zwarte doos (de)	kotak hitam	[kotaʔ hitam]
stuur (het)	kemudi	[kemudi]
brandstof (de)	bahan bakar	[bahan bakar]
veiligheidskaart (de)	instruksi keselamatan	[instruksi keselamatan]
zuurstofmasker (het)	masker oksigen	[masker oksigen]
uniform (het)	seragam	[seragam]
reddingsvest (de)	jaket pelampung	[dʒʲaket pelampuŋ]
parachute (de)	parasut	[parasut]
opstijgen (het)	lepas landas	[lepas landas]
opstijgen (ww)	bertolak	[bertolaʔ]
startbaan (de)	jalur lepas landas	[dʒʲalur lepas landas]
zicht (het)	visibilitas, pandangan	[visibilitas], [pandaŋan]
vlucht (de)	penerbangan	[penerbaŋan]
hoogte (de)	ketinggian	[ketiŋgian]
luchtzak (de)	lubang udara	[lubaŋ udara]
plaats (de)	tempat duduk	[tempat duduʔ]
koptelefoon (de)	headphone, fonkepala	[headphone], [fonkepala]
tafeltje (het)	meja lipat	[medʒʲa lipat]
venster (het)	jendela pesawat	[dʒʲendela pesawat]
gangpad (het)	lorong	[loroŋ]

142. Trein

trein (de)	kereta api	[kereta api]
elektrische trein (de)	kereta api listrik	[kereta api listri']
sneltrein (de)	kereta api cepat	[kereta api t͡ʃepat]
diesellocomotief (de)	lokomotif diesel	[lokomotif disel]
locomotief (de)	lokomotif uap	[lokomotif uap]

| rijtuig (het) | gerbong penumpang | [gerboŋ penumpaŋ] |
| restauratierijtuig (het) | gerbong makan | [gerboŋ makan] |

rails (mv.)	rel	[rel]
spoorweg (de)	rel kereta api	[rel kereta api]
dwarsligger (de)	bantalan rel	[bantalan rel]

perron (het)	platform	[platform]
spoor (het)	jalur	[d͡ʒalur]
semafoor (de)	semafor	[semafor]
halte (bijv. kleine treinhalte)	stasiun	[stasiun]

machinist (de)	masinis	[masinis]
kruier (de)	porter	[porter]
conducteur (de)	kondektur	[kondektur]
passagier (de)	penumpang	[penumpaŋ]
controleur (de)	kondektur	[kondektur]

gang (in een trein)	koridor	[koridor]
noodrem (de)	rem darurat	[rem darurat]
coupé (de)	kabin	[kabin]
bed (slaapplaats)	bangku	[baŋku]
bovenste bed (het)	bangku atas	[baŋku atas]
onderste bed (het)	bangku bawah	[baŋku bawah]
beddengoed (het)	kain kasur	[kain kasur]

kaartje (het)	tiket	[tiket]
dienstregeling (de)	jadwal	[d͡ʒadwal]
informatiebord (het)	layar informasi	[lajar informasi]

vertrekken (De trein vertrekt …)	berangkat	[bəraŋkat]
vertrek (ov. een trein)	keberangkatan	[keberaŋkatan]
aankomen (ov. de treinen)	datang	[dataŋ]
aankomst (de)	kedatangan	[kedataŋan]

aankomen per trein	datang naik kereta api	[dataŋ naj' kereta api]
in de trein stappen	naik ke kereta	[nai' ke kereta]
uit de trein stappen	turun dari kereta	[turun dari kereta]

| treinwrak (het) | kecelakaan kereta | [ket͡ʃelaka'an kereta] |
| ontspoord zijn | keluar rel | [keluar rel] |

locomotief (de)	lokomotif uap	[lokomotif uap]
stoker (de)	juru api	[d͡ʒuru api]
stookplaats (de)	tungku	[tuŋku]
steenkool (de)	batu bara	[batu bara]

143. Schip

schip (het)	kapal	[kapal]
vaartuig (het)	kapal	[kapal]
stoomboot (de)	kapal uap	[kapal uap]
motorschip (het)	kapal api	[kapal api]
lijnschip (het)	kapal laut	[kapal laut]
kruiser (de)	kapal penjelajah	[kapal pendʒieladʒiah]
jacht (het)	perahu pesiar	[pərahu pesiar]
sleepboot (de)	kapal tunda	[kapal tunda]
duwbak (de)	tongkang	[toŋkaŋ]
ferryboot (de)	feri	[feri]
zeilboot (de)	kapal layar	[kapal lajar]
brigantijn (de)	kapal brigantin	[kapal brigantin]
IJsbreker (de)	kapal pemecah es	[kapal pemetʃah es]
duikboot (de)	kapal selam	[kapal selam]
boot (de)	perahu	[pərahu]
sloep (de)	sekoci	[sekotʃi]
reddingssloep (de)	sekoci penyelamat	[sekotʃi penjelamat]
motorboot (de)	perahu motor	[pərahu motor]
kapitein (de)	kapten	[kapten]
zeeman (de)	kelasi	[kelasi]
matroos (de)	pelaut	[pelaut]
bemanning (de)	awak	[awaʔ]
bootsman (de)	bosman, bosun	[bosman], [bosun]
scheepsjongen (de)	kadet laut	[kadet laut]
kok (de)	koki	[koki]
scheepsarts (de)	dokter kapal	[dokter kapal]
dek (het)	dek	[deʔ]
mast (de)	tiang	[tiaŋ]
zeil (het)	layar	[lajar]
ruim (het)	lambung kapal	[lambuŋ kapal]
voorsteven (de)	haluan	[haluan]
achtersteven (de)	buritan	[buritan]
roeispaan (de)	dayung	[dajuŋ]
schroef (de)	baling-baling	[baliŋ-baliŋ]
kajuit (de)	kabin	[kabin]
officierskamer (de)	ruang rekreasi	[ruaŋ rekreasi]
machinekamer (de)	ruang mesin	[ruaŋ mesin]
brug (de)	anjungan kapal	[andʒiuŋan kapal]
radiokamer (de)	ruang radio	[ruaŋ radio]
radiogolf (de)	gelombang radio	[gelombaŋ radio]
logboek (het)	buku harian kapal	[buku harian kapal]
verrekijker (de)	teropong	[təropoŋ]
klok (de)	lonceng	[lontʃeŋ]

vlag (de)	bendera	[bendera]
kabel (de)	tali	[tali]
knoop (de)	simpul	[simpul]

| trapleuning (de) | pegangan | [pegaŋan] |
| trap (de) | tangga kapal | [taŋga kapal] |

anker (het)	jangkar	[dʒ'aŋkar]
het anker lichten	mengangkat jangkar	[məŋaŋkat dʒ'aŋkar]
het anker neerlaten	menjatuhkan jangkar	[məndʒ'atuhkan dʒ'aŋkar]
ankerketting (de)	rantai jangkar	[rantaj dʒ'aŋkar]

haven (bijv. containerhaven)	pelabuhan	[pelabuhan]
kaai (de)	dermaga	[dermaga]
aanleggen (ww)	merapat	[merapat]
wegvaren (ww)	bertolak	[bərtola']

reis (de)	pengembaraan	[peŋembara'an]
cruise (de)	pesiar	[pesiar]
koers (de)	haluan	[haluan]
route (de)	rute	[rute]

| zandbank (de) | beting | [betiŋ] |
| stranden (ww) | kandas | [kandas] |

storm (de)	badai	[badaj]
signaal (het)	sinyal	[sinjal]
zinken (ov. een boot)	tenggelam	[teŋgelam]
Man overboord!	Orang hanyut!	[oraŋ hanyut!]
SOS (noodsignaal)	SOS	[es-o-es]
reddingsboei (de)	pelampung penyelamat	[pelampuŋ penjelamat]

144. Vliegveld

luchthaven (de)	bandara	[bandara]
vliegtuig (het)	pesawat terbang	[pesawat tərbaŋ]
luchtvaartmaatschappij (de)	maskapai penerbangan	[maskapaj penerbaŋan]
luchtverkeersleider (de)	pengawas lalu lintas udara	[peŋawas lalu lintas udara]

vertrek (het)	keberangkatan	[keberaŋkatan]
aankomst (de)	kedatangan	[kedataŋan]
aankomen (per vliegtuig)	datang	[dataŋ]

| vertrektijd (de) | waktu keberangkatan | [waktu keberaŋkatan] |
| aankomstuur (het) | waktu kedatangan | [waktu kedataŋan] |

| vertraagd zijn (ww) | terlambat | [tərlambat] |
| vluchtvertraging (de) | penundaan penerbangan | [penunda'an penerbaŋan] |

informatiebord (het)	papan informasi	[papan informasi]
informatie (de)	informasi	[informasi]
aankondigen (ww)	mengumumkan	[məŋumumkan]
vlucht (bijv. KLM ~)	penerbangan	[penerbaŋan]
douane (de)	pabean	[pabean]

douanier (de)	petugas pabean	[petugas pabean]
douaneaangifte (de)	pernyataan pabean	[pərnjata'an pabean]
invullen (douaneaangifte ~)	mengisi	[məɲisi]
een douaneaangifte invullen	mengisi formulir bea cukai	[məɲisi formulir bea tʃukaj]
paspoortcontrole (de)	pemeriksaan paspor	[pemeriksa'an paspor]

bagage (de)	bagasi	[bagasi]
handbagage (de)	jinjingan	[dʒindʒiŋan]
bagagekarretje (het)	troli bagasi	[troli bagasi]

landing (de)	pendaratan	[pendaratan]
landingsbaan (de)	jalur pendaratan	[dʒ'alur pendaratan]
landen (ww)	mendarat	[məndarat]
vliegtuigtrap (de)	tangga pesawat	[taŋga pesawat]

inchecken (het)	check-in	[tʃekin]
incheckbalie (de)	meja check-in	[medʒ'a tʃekin]
inchecken (ww)	check-in	[tʃekin]
instapkaart (de)	kartu pas	[kartu pas]
gate (de)	gerbang keberangkatan	[gerbaŋ keberaŋkatan]

transit (de)	transit	[transit]
wachten (ww)	menunggu	[mənuŋgu]
wachtzaal (de)	ruang tunggu	[ruaŋ tuŋgu]
begeleiden (uitwuiven)	mengantar	[məŋantar]
afscheid nemen (ww)	berpamitan	[bərpamitan]

145. Fiets. Motorfiets

fiets (de)	sepeda	[sepeda]
bromfiets (de)	skuter	[skuter]
motorfiets (de)	sepeda motor	[sepeda motor]

met de fiets rijden	naik sepeda	[nai' sepeda]
stuur (het)	kemudi, setang	[kemudi], [setaŋ]
pedaal (de/het)	pedal	[pedal]
remmen (mv.)	rem	[rem]
fietszadel (de/het)	sadel	[sadel]

pomp (de)	pompa	[pompa]
bagagedrager (de)	boncengan	[bontʃeŋan]
fietslicht (het)	lampu depan, berko	[lampu depan], [bərko]
helm (de)	helm	[helm]

wiel (het)	roda	[roda]
spatbord (het)	sayap roda	[sajap roda]
velg (de)	bingkai	[biŋkaj]
spaak (de)	jari-jari, ruji	[dʒ'ari-dʒ'ari], [rudʒi]

Auto's

146. Soorten auto's

auto (de)	mobil	[mobil]
sportauto (de)	mobil sports	[mobil sports]
limousine (de)	limusin	[limusin]
terreinwagen (de)	kendaraan lintas medan	[kendara'an lintas medan]
cabriolet (de)	kabriolet	[kabriolet]
minibus (de)	minibus	[minibus]
ambulance (de)	ambulans	[ambulans]
sneeuwruimer (de)	truk pembersih salju	[truʔ pembersih saldʒ'u]
vrachtwagen (de)	truk	[truʔ]
tankwagen (de)	truk tangki	[truʔ taŋki]
bestelwagen (de)	mobil van	[mobil van]
trekker (de)	truk semi trailer	[traʔ semi treyler]
aanhangwagen (de)	trailer	[treyler]
comfortabel (bn)	nyaman	[njaman]
tweedehands (bn)	bekas	[bekas]

147. Auto's. Carrosserie

motorkap (de)	kap	[kap]
spatbord (het)	sepatbor	[sepatbor]
dak (het)	atap	[atap]
voorruit (de)	kaca depan	[katʃa depan]
achterruit (de)	spion belakang	[spion belakaŋ]
ruitensproeier (de)	pencuci kaca	[pentʃutʃi katʃa]
wisserbladen (mv.)	karet wiper	[karet wiper]
zijruit (de)	jendela mobil	[dʒ'endela mobil]
raamlift (de)	pemutar jendela	[pemutar dʒ'endela]
antenne (de)	antena	[antena]
zonnedak (het)	panel atap	[panel atap]
bumper (de)	bumper	[bumper]
koffer (de)	bagasi mobil	[bagasi mobil]
imperiaal (de/het)	rak bagasi atas	[raʔ bagasi atas]
portier (het)	pintu	[pintu]
handvat (het)	gagang pintu	[gagaŋ pintu]
slot (het)	kunci	[kuntʃi]
nummerplaat (de)	pelat nomor	[pelat nomor]
knalpot (de)	peredam suara	[peredam suara]

benzinetank (de)	tangki bahan bakar	[taŋki bahan bakar]
uitlaatpijp (de)	knalpot	[knalpot]
gas (het)	gas	[gas]
pedaal (de/het)	pedal	[pedal]
gaspedaal (de/het)	pedal gas	[pedal gas]
rem (de)	rem	[rem]
rempedaal (de/het)	pedal rem	[pedal rem]
remmen (ww)	mengerem	[məŋerem]
handrem (de)	rem tangan	[rem taŋan]
koppeling (de)	kopling	[kopliŋ]
koppelingspedaal (de/het)	pedal kopling	[pedal kopliŋ]
koppelingsschijf (de)	pelat kopling	[pelat kopliŋ]
schokdemper (de)	peredam kejut	[pəredam kedʒʲut]
wiel (het)	roda	[roda]
reservewiel (het)	ban serep	[ban serep]
band (de)	ban	[ban]
wieldop (de)	dop	[dop]
aandrijfwielen (mv.)	roda penggerak	[roda peŋgeraʔ]
met voorwielaandrijving	penggerak roda depan	[peŋgeraʔ roda depan]
met achterwielaandrijving	penggerak roda belakang	[peŋgeraʔ roda belakaŋ]
met vierwielaandrijving	penggerak roda empat	[peŋgeraʔ roda empat]
versnellingsbak (de)	transmisi, girboks	[transmisi], [girboks]
automatisch (bn)	otomatis	[otomatis]
mechanisch (bn)	mekanis	[mekanis]
versnellingspook (de)	tuas persneling	[tuas pərsneliŋ]
voorlicht (het)	lampu depan	[lampu depan]
voorlichten (mv.)	lampu depan	[lampu depan]
dimlicht (het)	lampu dekat	[lampu dekat]
grootlicht (het)	lampu jauh	[lampu dʒʲauh]
stoplicht (het)	lampu rem	[lampu rem]
standlichten (mv.)	lampu kecil	[lampu ketʃil]
noodverlichting (de)	lampu bahaya	[lampu bahaja]
mistlichten (mv.)	lampu kabut	[lampu kabut]
pinker (de)	lampu sein	[lampu sein]
achteruitrijdlicht (het)	lampu belakang	[lampu belakaŋ]

148. Auto's. Passagiersruimte

interieur (het)	kabin, interior	[kabin], [interior]
leren (van leer gemaak)	kulit	[kulit]
fluwelen (abn)	velour	[velour]
bekleding (de)	pelapis jok	[pelapis dʒoʔ]
toestel (het)	alat pengukur	[alat peŋukur]
instrumentenbord (het)	dasbor	[dasbor]

| snelheidsmeter (de) | spidometer | [spidometer] |
| pijltje (het) | jarum | [dʒˈarum] |

kilometerteller (de)	odometer	[odometer]
sensor (de)	indikator, sensor	[indikator], [sensor]
niveau (het)	level	[level]
controlelampje (het)	lampu indikator	[lampu indikator]

stuur (het)	setir	[setir]
toeter (de)	klakson	[klakson]
knopje (het)	tombol	[tombol]
schakelaar (de)	tuas	[tuas]

stoel (bestuurders~)	jok	[dʒoʔ]
rugleuning (de)	sandaran	[sandaran]
hoofdsteun (de)	sandaran kepala	[sandaran kepala]
veiligheidsgordel (de)	sabuk pengaman	[sabuʔ peŋaman]
de gordel aandoen	mengencangkan sabuk pengaman	[məŋentʃaŋkan sabuʔ peŋaman]
regeling (de)	penyetelan	[penjetelan]

| airbag (de) | bantal udara | [bantal udara] |
| airconditioner (de) | penyejuk udara | [penjedʒˈuʔ udara] |

radio (de)	radio	[radio]
CD-speler (de)	pemutar CD	[pemutar si-di]
aanzetten (bijv. radio ~)	menyalakan	[mənjalakan]
antenne (de)	antena	[antena]
handschoenenkastje (het)	laci depan	[latʃi depan]
asbak (de)	asbak	[asbaʔ]

149. Auto's. Motor

| diesel- (abn) | diesel | [disel] |
| benzine- (~motor) | bensin | [bensin] |

motorinhoud (de)	kapasitas mesin	[kapasitas mesin]
vermogen (het)	daya, tenaga	[daja], [tenaga]
paardenkracht (de)	tenaga kuda	[tenaga kuda]
zuiger (de)	piston	[piston]
cilinder (de)	silinder	[silinder]
klep (de)	katup	[katup]

injectie (de)	injektor	[indʒˈektor]
generator (de)	generator	[generator]
carburator (de)	karburator	[karburator]
motorolie (de)	oli	[oli]

radiator (de)	radiator	[radiator]
koelvloeistof (de)	cairan pendingin	[tʃajran pendiŋin]
ventilator (de)	kipas angin	[kipas aŋin]

| accu (de) | aki | [aki] |
| starter (de) | starter | [starter] |

| contact (ontsteking) | pengapian | [peŋapian] |
| bougie (de) | busi | [busi] |

pool (de)	elektroda	[elektroda]
positieve pool (de)	terminal positif	[tərminal positif]
negatieve pool (de)	terminal negatif	[tərminal negatif]
zekering (de)	sekering	[sekeriŋ]

luchtfilter (de)	filter udara	[filter udara]
oliefilter (de)	filter oli	[filter oli]
benzinefilter (de)	filter bahan bakar	[filter bahan bakar]

150. Auto's. Botsing. Reparatie

auto-ongeval (het)	kecelakaan mobil	[ketʃelaka'an mobil]
verkeersongeluk (het)	kecelakaan jalan raya	[ketʃelaka'an dʒalan raja]
aanrijden	menabrak	[mənabra']
(tegen een boom, enz.)		
verongelukken (ww)	mengalami kecelakaan	[məŋalami ketʃelaka'an]
beschadiging (de)	kerusakan	[kerusakan]
heelhuids (bn)	tidak tersentuh	[tida' tərsentuh]

pech (de)	kerusakan	[kerusakan]
kapot gaan (zijn gebroken)	rusak	[rusa']
sleeptouw (het)	tali penyeret	[tali penjeret]

lek (het)	ban bocor	[ban botʃor]
lekke krijgen (band)	kempes	[kempes]
oppompen (ww)	memompa	[memompa]
druk (de)	tekanan	[tekanan]
checken (controleren)	memeriksa	[memeriksa]

reparatie (de)	reparasi	[reparasi]
garage (de)	bengkel mobil	[beŋkel mobil]
wisselstuk (het)	onderdil, suku cadang	[onderdil], [suku tʃadaŋ]
onderdeel (het)	komponen	[komponen]

bout (de)	baut	[baut]
schroef (de)	sekrup	[sekrup]
moer (de)	mur	[mur]
sluitring (de)	ring	[riŋ]
kogellager (de/het)	bantalan luncur	[bantalan luntʃur]

pijp (de)	pipa	[pipa]
pakking (de)	gasket	[gasket]
kabel (de)	kabel, kawat	[kabel], [kawat]

dommekracht (de)	dongkrak	[doŋkra']
moersleutel (de)	kunci pas	[kuntʃi pas]
hamer (de)	martil, palu	[martil], [palu]
pomp (de)	pompa	[pompa]
schroevendraaier (de)	obeng	[obeŋ]
brandblusser (de)	pemadam api	[pemadam api]
gevarendriehoek (de)	segi tiga pengaman	[segi tiga peŋaman]

afslaan (ophouden te werken)	mogok	[mogoʔ]
uitvallen (het)	mogok	[mogoʔ]
zijn gebroken	rusak	[rusaʔ]

oververhitten (ww)	kepanasan	[kepanasan]
verstopt raken (ww)	tersumbat	[tərsumbat]
bevriezen (autodeur, enz.)	membeku	[membeku]
barsten (leidingen, enz.)	pecah	[petʃah]

druk (de)	tekanan	[tekanan]
niveau (bijv. olieniveau)	level	[level]
slap (de drijfriem is ~)	longgar	[loŋgar]

deuk (de)	penyok	[penjoʔ]
geklop (vreemde geluiden)	ketukan	[ketukan]
barst (de)	retak	[retaʔ]
kras (de)	gores	[gores]

151. Auto's. Weg

weg (de)	jalan	[dʒʲalan]
snelweg (de)	jalan raya	[dʒʲalan raja]
autoweg (de)	jalan raya	[dʒʲalan raja]
richting (de)	arah	[arah]
afstand (de)	jarak	[dʒʲaraʔ]

brug (de)	jembatan	[dʒʲembatan]
parking (de)	tempat parkir	[tempat parkir]
plein (het)	lapangan	[lapaŋan]
verkeersknooppunt (het)	jembatan simpang susun	[dʒʲembatan simpaŋ susun]
tunnel (de)	terowongan	[tərowoŋan]

benzinestation (het)	SPBU, stasiun bensin	[es-pe-be-u], [stasjun bensin]
parking (de)	tempat parkir	[tempat parkir]
benzinepomp (de)	stasiun bahan bakar	[stasiun bahan bakar]
garage (de)	bengkel mobil	[beŋkel mobil]
tanken (ww)	mengisi bahan bakar	[məŋisi bahan bakar]
brandstof (de)	bahan bakar	[bahan bakar]
jerrycan (de)	jeriken	[dʒʲeriken]

asfalt (het)	aspal	[aspal]
markering (de)	penandaan jalan	[penandaʔan dʒʲalan]
trottoirband (de)	kerb jalan	[kerb dʒʲalan]
geleiderail (de)	pagar pematas	[pagar pematas]
greppel (de)	parit	[parit]
vluchtstrook (de)	bahu jalan	[bahu dʒʲalan]
lichtmast (de)	tiang lampu	[tiaŋ lampu]

besturen (een auto ~)	menyetir	[mənjetir]
afslaan (naar rechts ~)	membelok	[membeloʔ]
U-bocht maken (ww)	memutar arah	[memutar arah]
achteruit (de)	mundur	[mundur]
toeteren (ww)	membunyikan klakson	[membunjikan klakson]

toeter (de)	suara klakson	[suara klakson]
vastzitten (in modder)	terjebak	[tərdʒ'eba?]
spinnen (wielen gaan ~)	terjebak	[tərdʒ'eba?]
uitzetten (ww)	mematikan	[mematikan]
snelheid (de)	kecepatan	[ketʃepatan]
een snelheidsovertreding maken	melebihi batas kecepatan	[melebihi batas ketʃepatan]
bekeuren (ww)	memberikan surat tilang	[memberikan surat tilaŋ]
verkeerslicht (het)	lampu lalu lintas	[lampu lalu lintas]
rijbewijs (het)	Surat Izin Mengemudi, SIM	[surat izin məŋemudi], [sim]
overgang (de)	lintasan	[lintasan]
kruispunt (het)	persimpangan	[pərsimpaŋan]
zebrapad (oversteekplaats)	penyeberangan	[penjeberaŋan]
bocht (de)	tikungan	[tikuŋan]
voetgangerszone (de)	kawasan pejalan kaki	[kawasan pedʒ'alan kaki]

MENSEN. GEBEURTENISSEN IN HET LEVEN

Gebeurtenissen in het leven

152. Vakanties. Evenement

feest (het)	perayaan	[pəraja'an]
nationale feestdag (de)	hari besar nasional	[hari besar nasional]
feestdag (de)	hari libur	[hari libur]
herdenken (ww)	merayakan	[merajakan]
gebeurtenis (de)	peristiwa, kejadian	[peristiwa], [kedʒ'adian]
evenement (het)	acara	[atʃara]
banket (het)	banket	[banket]
receptie (de)	resepsi	[resepsi]
feestmaal (het)	pesta	[pesta]
verjaardag (de)	hari jadi, HUT	[hari dʒ'adi], [ha-u-te]
jubileum (het)	yubileum	[yubileum]
vieren (ww)	merayakan	[merajakan]
Nieuwjaar (het)	Tahun Baru	[tahun baru]
Gelukkig Nieuwjaar!	Selamat Tahun Baru!	[selamat tahun baru!]
Sinterklaas (de)	Sinterklas	[sinterklas]
Kerstfeest (het)	Natal	[natal]
Vrolijk kerstfeest!	Selamat Hari Natal!	[selamat hari natal!]
kerstboom (de)	pohon Natal	[pohon natal]
vuurwerk (het)	kembang api	[kembaŋ api]
bruiloft (de)	pernikahan	[pernikahan]
bruidegom (de)	mempelai lelaki	[mempelaj lelaki]
bruid (de)	mempelai perempuan	[mempelaj perempuan]
uitnodigen (ww)	mengundang	[menundaŋ]
uitnodiging (de)	kartu undangan	[kartu undaŋan]
gast (de)	tamu	[tamu]
op bezoek gaan	mengunjungi	[menundʒ'uŋi]
gasten verwelkomen	menyambut tamu	[menjambut tamu]
geschenk, cadeau (het)	hadiah	[hadiah]
geven (iets cadeau ~)	memberi	[memberi]
geschenken ontvangen	menerima hadiah	[menerima hadiah]
boeket (het)	buket	[buket]
felicitaties (mv.)	ucapan selamat	[utʃapan selamat]
feliciteren (ww)	mengucapkan selamat	[menutʃapkan selamat]
wenskaart (de)	kartu ucapan selamat	[kartu utʃapan selamat]

| een kaartje versturen | mengirim kartu pos | [məŋirim kartu pos] |
| een kaartje ontvangen | menerima kartu pos | [mənerima kartu pos] |

toast (de)	toas	[toas]
aanbieden (een drankje ~)	menawari	[mənawari]
champagne (de)	sampanye	[sampanje]

plezier hebben (ww)	bersukaria	[bərsukaria]
plezier (het)	keriangan, kegembiraan	[keriaŋan], [kegembira'an]
vreugde (de)	kegembiraan	[kegembira'an]

| dans (de) | dansa, tari | [dansa], [tari] |
| dansen (ww) | berdansa, menari | [bərdansa], [menari] |

| wals (de) | wals | [wals] |
| tango (de) | tango | [taŋo] |

153. Begrafenissen. Begrafenis

kerkhof (het)	pemakaman	[pemakaman]
graf (het)	makam	[makam]
kruis (het)	salib	[salib]
grafsteen (de)	batu nisan	[batu nisan]
omheining (de)	pagar	[pagar]
kapel (de)	kapel	[kapel]

dood (de)	kematian	[kematian]
sterven (ww)	mati, meninggal	[mati], [meniŋgal]
overledene (de)	almarhum	[almarhum]
rouw (de)	perkabungan	[pərkabuŋan]

begraven (ww)	memakamkan	[memakamkan]
begrafenisonderneming (de)	rumah duka	[rumah duka]
begrafenis (de)	pemakaman	[pemakaman]

krans (de)	karangan bunga	[karaŋan buŋa]
doodskist (de)	keranda	[keranda]
lijkwagen (de)	mobil jenazah	[mobil dʒienazah]
lijkkleed (de)	kain kafan	[kain kafan]

begrafenisstoet (de)	prosesi pemakaman	[prosesi pemakaman]
urn (de)	guci abu jenazah	[gutʃi abu dʒienazah]
crematorium (het)	krematorium	[krematorium]

overlijdensbericht (het)	obituarium	[obituarium]
huilen (wenen)	menangis	[mənaŋis]
snikken (huilen)	meratap	[meratap]

154. Oorlog. Soldaten

| peloton (het) | peleton | [peleton] |
| compagnie (de) | kompi | [kompi] |

regiment (het)	resimen	[resimen]
leger (armee)	tentara	[tentara]
divisie (de)	divisi	[divisi]
sectie (de)	pasukan	[pasukan]
troep (de)	tentara	[tentara]
soldaat (militair)	tentara, serdadu	[tentara], [serdadu]
officier (de)	perwira	[pərwira]
soldaat (rang)	prajurit	[pradʒʲurit]
sergeant (de)	sersan	[sersan]
luitenant (de)	letnan	[letnan]
kapitein (de)	kapten	[kapten]
majoor (de)	mayor	[major]
kolonel (de)	kolonel	[kolonel]
generaal (de)	jenderal	[dʒʲenderal]
matroos (de)	pelaut	[pelaut]
kapitein (de)	kapten	[kapten]
bootsman (de)	bosman, bosun	[bosman], [bosun]
artillerist (de)	tentara artileri	[tentara artileri]
valschermjager (de)	pasukan penerjun	[pasukan penerdʒʲun]
piloot (de)	pilot	[pilot]
stuurman (de)	navigator, penavigasi	[navigator], [penavigasi]
mecanicien (de)	mekanik	[mekaniʔ]
sappeur (de)	pencari ranjau	[pentʃari randʒau]
parachutist (de)	parasutis	[parasutis]
verkenner (de)	pengintai	[peɲintaj]
scherpschutter (de)	penembak jitu	[penembaʔ dʒitu]
patrouille (de)	patroli	[patroli]
patrouilleren (ww)	berpatroli	[bərpatroli]
wacht (de)	pengawal	[peɲawal]
krijger (de)	prajurit	[pradʒʲurit]
held (de)	pahlawan	[pahlawan]
heldin (de)	pahlawan wanita	[pahlawan wanita]
patriot (de)	patriot	[patriot]
verrader (de)	pengkhianat	[peɲhianat]
verraden (ww)	mengkhianati	[meɲhianati]
deserteur (de)	desertir	[desertir]
deserteren (ww)	melakukan desersi	[melakukan desersi]
huurling (de)	tentara bayaran	[tentara bajaran]
rekruut (de)	rekrut, calon tentara	[rekrut], [tʃalon tentara]
vrijwilliger (de)	sukarelawan	[sukarelawan]
gedode (de)	korban meninggal	[korban meniŋgal]
gewonde (de)	korban luka	[korban luka]
krijgsgevangene (de)	tawanan perang	[tawanan pəraŋ]

155. Oorlog. Militaire acties. Deel 1

oorlog (de)	perang	[peraŋ]
oorlog voeren (ww)	berperang	[bərperaŋ]
burgeroorlog (de)	perang saudara	[pəraŋ saudara]
achterbaks (bw)	secara curang	[setʃara tʃuraŋ]
oorlogsverklaring (de)	pernyataan perang	[pərnjata'an pəraŋ]
verklaren (de oorlog ~)	menyatakan perang	[mənjatakan pəraŋ]
agressie (de)	agresi	[agresi]
aanvallen (binnenvallen)	menyerang	[mənjeraŋ]
binnenvallen (ww)	menduduki	[mənduduki]
invaller (de)	penduduk	[pendudu']
veroveraar (de)	penakluk	[penaklu']
verdediging (de)	pertahanan	[pərtahanan]
verdedigen (je land ~)	mempertahankan	[mempertahankan]
zich verdedigen (ww)	bertahan ...	[bərtahan ...]
vijand (de)	musuh	[musuh]
tegenstander (de)	lawan	[lawan]
vijandelijk (bn)	musuh	[musuh]
strategie (de)	strategi	[strategi]
tactiek (de)	taktik	[takti']
order (de)	perintah	[pərintah]
bevel (het)	perintah	[pərintah]
bevelen (ww)	memerintahkan	[memerintahkan]
opdracht (de)	tugas	[tugas]
geheim (bn)	rahasia	[rahasia]
veldslag (de)	pertempuran	[pərtempuran]
strijd (de)	pertempuran	[pərtempuran]
aanval (de)	serangan	[seraŋan]
bestorming (de)	serbuan	[sərbuan]
bestormen (ww)	menyerbu	[mənjerbu]
bezetting (de)	kepungan	[kepuŋan]
aanval (de)	serangan	[seraŋan]
in het offensief te gaan	menyerang	[mənjeraŋ]
terugtrekking (de)	pengunduran	[peɲunduran]
zich terugtrekken (ww)	mundur	[mundur]
omsingeling (de)	pengepungan	[peɲepuŋan]
omsingelen (ww)	mengepung	[məŋepuŋ]
bombardement (het)	pengeboman	[peɲeboman]
een bom gooien	menjatuhkan bom	[məndʒatuhkan bom]
bombarderen (ww)	mengebom	[məŋebom]
ontploffing (de)	ledakan	[ledakan]
schot (het)	tembakan	[tembakan]

| een schot lossen | melepaskan | [melepaskan] |
| schieten (het) | penembakan | [penembakan] |

mikken op (ww)	membidik	[membidi']
aanleggen (een wapen ~)	mengarahkan	[məŋarahkan]
treffen (doelwit ~)	mengenai	[məŋenaj]

zinken (tot zinken brengen)	menenggelamkan	[mənəŋgelamkan]
kogelgat (het)	lubang	[lubaŋ]
zinken (gezonken zijn)	karam	[karam]

front (het)	garis depan	[garis depan]
evacuatie (de)	evakuasi	[evakuasi]
evacueren (ww)	mengevakuasi	[məŋevakuasi]

loopgraaf (de)	parit perlindungan	[parit pərlinduŋan]
prikkeldraad (de)	kawat berduri	[kawat bərduri]
verdedigingsobstakel (het)	rintangan	[rintaŋan]
wachttoren (de)	menara	[mənara]

hospitaal (het)	rumah sakit militer	[rumah sakit militer]
verwonden (ww)	melukai	[melukaj]
wond (de)	luka	[luka]
gewonde (de)	korban luka	[korban luka]
gewond raken (ww)	terluka	[tərluka]
ernstig (~e wond)	parah	[parah]

156. Wapens

wapens (mv.)	senjata	[sendʒ	ata]
vuurwapens (mv.)	senjata api	[sendʒ	ata api]
koude wapens (mv.)	sejata tajam	[sedʒ|ata tadʒ|am]

chemische wapens (mv.)	senjata kimia	[sendʒ	ata kimia]
kern-, nucleair (bn)	nuklir	[nuklir]
kernwapens (mv.)	senjata nuklir	[sendʒ	ata nuklir]

| bom (de) | bom | [bom] |
| atoombom (de) | bom atom | [bom atom] |

pistool (het)	pistol	[pistol]
geweer (het)	senapan	[senapan]
machinepistool (het)	senapan otomatis	[senapan otomatis]
machinegeweer (het)	senapan mesin	[senapan mesin]

loop (schietbuis)	moncong	[montʃoŋ]
loop (bijv. geweer met kortere ~)	laras	[laras]
kaliber (het)	kaliber	[kaliber]

trekker (de)	pelatuk	[pelatu']
korrel (de)	pembidik	[pembidi']
magazijn (het)	magasin	[magasin]
geweerkolf (de)	pantat senapan	[pantat senapan]

granaat (handgranaat)	granat tangan	[granat taŋan]
explosieven (mv.)	bahan peledak	[bahan peleda’]
kogel (de)	peluru	[peluru]
patroon (de)	patrun	[patrun]
lading (de)	isian	[isian]
ammunitie (de)	amunisi	[amunisi]
bommenwerper (de)	pesawat pengebom	[pesawat peŋebom]
straaljager (de)	pesawat pemburu	[pesawat pemburu]
helikopter (de)	helikopter	[helikopter]
afweergeschut (het)	meriam penangkis serangan udara	[meriam penaŋkis seraŋan udara]
tank (de)	tank	[tan’]
kanon (tank met een ~ van 76 mm)	meriam tank	[meriam tan’]
artillerie (de)	artileri	[artileri]
kanon (het)	meriam	[meriam]
aanleggen (een wapen ~)	mengarahkan	[məŋarahkan]
projectiel (het)	peluru	[peluru]
mortiergranaat (de)	peluru mortir	[peluru mortir]
mortier (de)	mortir	[mortir]
granaatscherf (de)	serpihan	[serpihan]
duikboot (de)	kapal selam	[kapal selam]
torpedo (de)	torpedo	[torpedo]
raket (de)	rudal	[rudal]
laden (geweer, kanon)	mengisi	[məŋisi]
schieten (ww)	menembak	[mənemba’]
richten op (mikken)	membidik	[membidi’]
bajonet (de)	bayonet	[bajonet]
degen (de)	pedang rapier	[pedaŋ rapier]
sabel (de)	pedang saber	[pedaŋ saber]
speer (de)	lembing	[lembiŋ]
boog (de)	busur panah	[busur panah]
pijl (de)	anak panah	[ana’ panah]
musket (de)	senapan lantak	[senapan lanta’]
kruisboog (de)	busur silang	[busur silaŋ]

157. Oude mensen

primitief (bn)	primitif	[primitif]
voorhistorisch (bn)	prasejarah	[prasedʒi̯arah]
eeuwenoude (~ beschaving)	kuno	[kuno]
Steentijd (de)	Zaman Batu	[zaman batu]
Bronstijd (de)	Zaman Perunggu	[zaman pəruŋgu]
IJstijd (de)	Zaman Es	[zaman es]
stam (de)	suku	[suku]

menseneter (de)	kanibal	[kanibal]
jager (de)	pemburu	[pemburu]
jagen (ww)	berburu	[bərburu]
mammoet (de)	mamut	[mamut]

grot (de)	gua	[gua]
vuur (het)	api	[api]
kampvuur (het)	api unggun	[api uŋgun]
rotstekening (de)	lukisan gua	[lukisan gua]

werkinstrument (het)	alat kerja	[alat kerdʒ'a]
speer (de)	tombak	[tomba']
stenen bijl (de)	kapak batu	[kapa' batu]
oorlog voeren (ww)	berperang	[bərperaŋ]
temmen (bijv. wolf ~)	menjinakkan	[məndʒina'kan]

idool (het)	berhala	[bərhala]
aanbidden (ww)	memuja	[memudʒ'a]
bijgeloof (het)	takhayul	[tahajul]
ritueel (het)	upacara	[upatʃara]

evolutie (de)	evolusi	[evolusi]
ontwikkeling (de)	perkembangan	[pərkembaŋan]
verdwijning (de)	kehilangan	[kehilaŋan]
zich aanpassen (ww)	menyesuaikan diri	[mənjesuajkan diri]

archeologie (de)	arkeologi	[arkeologi]
archeoloog (de)	arkeolog	[arkeolog]
archeologisch (bn)	arkeologis	[arkeologis]

opgravingsplaats (de)	situs ekskavasi	[situs ekskavasi]
opgravingen (mv.)	ekskavasi	[ekskavasi]
vondst (de)	penemuan	[penemuan]
fragment (het)	fragmen	[fragmen]

158. Middeleeuwen

volk (het)	rakyat	[rakjat]
volkeren (mv.)	bangsa-bangsa	[baŋsa-baŋsa]
stam (de)	suku	[suku]
stammen (mv.)	suku-suku	[suku-suku]

barbaren (mv.)	kaum barbar	[kaum barbar]
Galliërs (mv.)	kaum Gaul	[kaum gaul]
Goten (mv.)	kaum Goth	[kaum got]
Slaven (mv.)	kaum Slavia	[kaum slavia]
Vikings (mv.)	kaum Viking	[kaum vikiŋ]

| Romeinen (mv.) | kaum Roma | [kaum roma] |
| Romeins (bn) | Romawi | [romawi] |

Byzantijnen (mv.)	kaum Byzantium	[kaum bizantium]
Byzantium (het)	Byzantium	[bizantium]
Byzantijns (bn)	Byzantium	[bizantium]

keizer (bijv. Romeinse ~)	kaisar	[kajsar]
opperhoofd (het)	pemimpin	[pemimpin]
machtig (bn)	adikuasa, berkuasa	[adikuasa], [bərkuasa]
koning (de)	raja	[radʒia]
heerser (de)	penguasa	[peŋuasa]

ridder (de)	ksatria	[ksatria]
feodaal (de)	tuan	[tuan]
feodaal (bn)	feodal	[feodal]
vazal (de)	vasal	[vasal]

hertog (de)	duke	[duke]
graaf (de)	earl	[earl]
baron (de)	baron	[baron]
bisschop (de)	uskup	[uskup]

harnas (het)	baju besi	[badʒiu besi]
schild (het)	perisai	[pərisaj]
zwaard (het)	pedang	[pedaŋ]
vizier (het)	visor, topeng besi	[visor], [topeŋ besi]
maliënkolder (de)	baju zirah	[badʒiu zirah]
kruistocht (de)	Perang Salib	[pəraŋ salib]
kruisvaarder (de)	kaum salib	[kaum salib]

gebied (bijv. bezette ~en)	wilayah	[wilajah]
aanvallen (binnenvallen)	menyerang	[mənjeraŋ]
veroveren (ww)	menaklukkan	[mənaklu'kan]
innemen (binnenvallen)	menduduki	[mənduduki]

bezetting (de)	kepungan	[kepuŋan]
bezet (bn)	terkepung	[tərkepuŋ]
belegeren (ww)	mengepung	[məŋepuŋ]

inquisitie (de)	inkuisisi	[inkuisisi]
inquisiteur (de)	inkuisitor	[inkuisitor]
foltering (de)	siksaan	[siksa'an]
wreed (bn)	kejam	[kedʒiam]
ketter (de)	penganut bidah	[peŋanut bidah]
ketterij (de)	bidah	[bidah]

zeevaart (de)	pelayaran laut	[pelajaran laut]
piraat (de)	bajak laut	[badʒia' laut]
piraterij (de)	pembajakan	[pembadʒiakan]
enteren (het)	serangan terhadap kapal dari dekat	[seraŋan tərhadap kapal dari dekat]
buit (de)	rampasan	[rampasan]
schatten (mv.)	harta karun	[harta karun]

ontdekking (de)	penemuan	[penemuan]
ontdekken (bijv. nieuw land)	menemukan	[mənemukan]
expeditie (de)	ekspedisi	[ekspedisi]

musketier (de)	musketir	[musketir]
kardinaal (de)	kardinal	[kardinal]
heraldiek (de)	heraldik	[heraldi']
heraldisch (bn)	heraldik	[heraldi']

159. Leider. Baas. Autoriteiten

koning (de)	raja	[radʒ'a]
koningin (de)	ratu	[ratu]
koninklijk (bn)	kerajaan, raja	[keradʒ'a'an], [radʒ'a]
koninkrijk (het)	kerajaan	[keradʒ'a'an]
prins (de)	pangeran	[paŋeran]
prinses (de)	putri	[putri]
president (de)	presiden	[presiden]
vicepresident (de)	wakil presiden	[wakil presiden]
senator (de)	senator	[senator]
monarch (de)	monark	[monarʔ]
heerser (de)	penguasa	[peŋuasa]
dictator (de)	diktator	[diktator]
tiran (de)	tiran	[tiran]
magnaat (de)	magnat	[magnat]
directeur (de)	direktur	[direktur]
chef (de)	atasan	[atasan]
beheerder (de)	manajer	[manadʒ'er]
baas (de)	bos	[bos]
eigenaar (de)	pemilik	[pemiliʔ]
leider (de)	pemimpin	[pemimpin]
hoofd (bijv. ~ van de delegatie)	kepala	[kepala]
autoriteiten (mv.)	pihak berwenang	[pihaʔ bərwenaŋ]
superieuren (mv.)	atasan	[atasan]
gouverneur (de)	gabernur	[gabernur]
consul (de)	konsul	[konsul]
diplomaat (de)	diplomat	[diplomat]
burgemeester (de)	walikota	[walikota]
sheriff (de)	sheriff	[ʃeriff]
keizer (bijv. Romeinse ~)	kaisar	[kajsar]
tsaar (de)	tsar, raja	[tsar], [radʒ'a]
farao (de)	firaun	[firaun]
kan (de)	khan	[han]

160. De wet overtreden. Criminelen. Deel 1

bandiet (de)	bandit	[bandit]
misdaad (de)	kejahatan	[kedʒ'ahatan]
misdadiger (de)	penjahat	[pendʒ'ahat]
dief (de)	pencuri	[pentʃuri]
stelen (ww)	mencuri	[məntʃuri]
stelen, diefstal (de)	pencurian	[pentʃurian]
kidnappen (ww)	menculik	[məntʃuliʔ]

kidnapping (de)	penculikan	[pentʃulikan]
kidnapper (de)	penculik	[pentʃuliʔ]
losgeld (het)	uang tebusan	[uaŋ tebusan]
eisen losgeld (ww)	menuntut uang tebusan	[mənuntut uaŋ tebusan]
overvallen (ww)	merampok	[merampoʔ]
overval (de)	perampokan	[pərampokan]
overvaller (de)	perampok	[pərampoʔ]
afpersen (ww)	memeras	[memeras]
afperser (de)	pemeras	[pemeras]
afpersing (de)	pemerasan	[pemerasan]
vermoorden (ww)	membunuh	[membunuh]
moord (de)	pembunuhan	[pembunuhan]
moordenaar (de)	pembunuh	[pembunuh]
schot (het)	tembakan	[tembakan]
een schot lossen	melepaskan	[melepaskan]
neerschieten (ww)	menembak mati	[mənembaʔ mati]
schieten (ww)	menembak	[mənembaʔ]
schieten (het)	penembakan	[penembakan]
ongeluk (gevecht, enz.)	insiden, kejadian	[insiden], [kedʒiadian]
gevecht (het)	perkelahian	[pərkelahian]
Help!	Tolong!	[toloŋ!]
slachtoffer (het)	korban	[korban]
beschadigen (ww)	merusak	[merusaʔ]
schade (de)	kerusakan	[kerusakan]
lijk (het)	jenazah, mayat	[dʒienazah], [majat]
zwaar (~ misdrijf)	berat	[berat]
aanvallen (ww)	menyerang	[mənjeraŋ]
slaan (iemand ~)	memukul	[memukul]
in elkaar slaan (toetakelen)	memukuli	[memukuli]
ontnemen (beroven)	merebut	[merebut]
steken (met een mes)	menikam mati	[mənikam mati]
verminken (ww)	mencederai	[məntʃederaj]
verwonden (ww)	melukai	[melukaj]
chantage (de)	pemerasan	[pemerasan]
chanteren (ww)	memeras	[memeras]
chanteur (de)	pemeras	[pemeras]
afpersing (de)	pemerasan	[pemerasan]
afperser (de)	pemeras	[pemeras]
gangster (de)	gangster, preman	[gaŋster], [preman]
maffia (de)	mafia	[mafia]
kruimeldief (de)	pencopet	[pentʃopet]
inbreker (de)	perampok	[pərampoʔ]
smokkelen (het)	penyelundupan	[penjelundupan]
smokkelaar (de)	penyelundup	[penjelundup]
namaak (de)	pemalsuan	[pemalsuan]

| namaken (ww) | memalsukan | [memalsukan] |
| namaak-, vals (bn) | palsu | [palsu] |

161. De wet overtreden. Criminelen. Deel 2

verkrachting (de)	pemerkosaan	[pemerkosa'an]
verkrachten (ww)	memerkosa	[memerkosa]
verkrachter (de)	pemerkosa	[pemerkosa]
maniak (de)	maniak	[mania']

prostituee (de)	pelacur	[pelatʃur]
prostitutie (de)	pelacuran	[pelatʃuran]
pooier (de)	germo	[germo]

| drugsverslaafde (de) | pecandu narkoba | [petʃandu narkoba] |
| drugshandelaar (de) | pengedar narkoba | [peŋedar narkoba] |

opblazen (ww)	meledakkan	[meleda'kan]
explosie (de)	ledakan	[ledakan]
in brand steken (ww)	membakar	[membakar]
brandstichter (de)	pelaku pembakaran	[pelaku pembakaran]

terrorisme (het)	terorisme	[tərorisme]
terrorist (de)	teroris	[təroris]
gijzelaar (de)	sandera	[sandera]

bedriegen (ww)	menipu	[mənipu]
bedrog (het)	penipuan	[penipuan]
oplichter (de)	penipu	[penipu]

omkopen (ww)	menyuap	[mənyuap]
omkoperij (de)	penyuapan	[penyuapan]
smeergeld (het)	uang suap, suapan	[uaŋ suap], [suapan]

vergif (het)	racun	[ratʃun]
vergiftigen (ww)	meracuni	[meratʃuni]
vergif innemen (ww)	meracuni diri sendiri	[meratʃuni diri sendiri]

| zelfmoord (de) | bunuh diri | [bunuh diri] |
| zelfmoordenaar (de) | pelaku bunuh diri | [pelaku bunuh diri] |

bedreigen (bijv. met een pistool)	mengancam	[məŋantʃam]
bedreiging (de)	ancaman	[antʃaman]
een aanslag plegen	melakukan percobaan pembunuhan	[melakukan pərtʃoba'an pembunuhan]
aanslag (de)	percobaan pembunuhan	[pərtʃoba'an pembunuhan]

| stelen (een auto) | mencuri | [məntʃuri] |
| kapen (een vliegtuig) | membajak | [membadʒa'] |

wraak (de)	dendam	[dendam]
wreken (ww)	membalas dendam	[membalas dendam]
martelen (gevangenen)	menyiksa	[mənjiksa]

| foltering (de) | siksaan | [siksaʔan] |
| folteren (ww) | menyiksa | [mənjiksa] |

piraat (de)	bajak laut	[badʒiaʔ laut]
straatschender (de)	berandal	[bərandal]
gewapend (bn)	bersenjata	[bərsendʒiata]
geweld (het)	kekerasan	[kekerasan]
onwettig (strafbaar)	ilegal	[ilegal]

| spionage (de) | spionase | [spionase] |
| spioneren (ww) | memata-matai | [memata-mataj] |

162. Politie. Wet. Deel 1

| gerecht (het) | keadilan | [keadilan] |
| gerechtshof (het) | pengadilan | [peŋadilan] |

rechter (de)	hakim	[hakim]
jury (de)	anggota juri	[aŋgota dʒiuri]
juryrechtspraak (de)	pengadilan juri	[peŋadilan dʒiuri]
berechten (ww)	mengadili	[məŋadili]

advocaat (de)	advokat, pengacara	[advokat], [peɲatʃara]
beklaagde (de)	terdakwa	[tərdakwa]
beklaagdenbank (de)	bangku terdakwa	[baŋku tərdakwa]

| beschuldiging (de) | tuduhan | [tuduhan] |
| beschuldigde (de) | terdakwa | [tərdakwa] |

vonnis (het)	hukuman	[hukuman]
veroordelen	menjatuhkan hukuman	[məndʒiatuhkan hukuman]
(in een rechtszaak)		

schuldige (de)	bersalah	[bərsalah]
straffen (ww)	menghukum	[məŋhukum]
bestraffing (de)	hukuman	[hukuman]

boete (de)	denda	[denda]
levenslange opsluiting (de)	penjara seumur hidup	[pendʒiara seumur hidup]
doodstraf (de)	hukuman mati	[hukuman mati]
elektrische stoel (de)	kursi listrik	[kursi listriʔ]
schavot (het)	tiang gantungan	[tiaŋ gantuŋan]

| executeren (ww) | menjalankan hukuman mati | [məndʒialankan hukuman mati] |
| executie (de) | hukuman mati | [hukuman mati] |

| gevangenis (de) | penjara | [pendʒiara] |
| cel (de) | sel | [sel] |

konvooi (het)	pengawal	[peŋawal]
gevangenisbewaker (de)	sipir, penjaga penjara	[sipir], [pendʒiaga pendʒiara]
gedetineerde (de)	tahanan	[tahanan]
handboeien (mv.)	borgol	[borgol]

handboeien omdoen	memborgol	[memborgol]
ontsnapping (de)	pelarian	[pelarian]
ontsnappen (ww)	melarikan diri	[melarikan diri]
verdwijnen (ww)	menghilang	[məŋhilaŋ]
vrijlaten (uit de gevangenis)	membebaskan	[membebaskan]
amnestie (de)	amnesti	[amnesti]

politie (de)	polisi, kepolisian	[polisi], [kepolisian]
politieagent (de)	polisi	[polisi]
politiebureau (het)	kantor polisi	[kantor polisi]
knuppel (de)	pentungan karet	[pentuŋan karet]
megafoon (de)	pengeras suara	[peŋeras suara]

patrouilleerwagen (de)	mobil patroli	[mobil patroli]
sirene (de)	sirene	[sirene]
de sirene aansteken	membunyikan sirene	[membunjikan sirene]
geloei (het) van de sirene	suara sirene	[suara sirene]

plaats delict (de)	tempat kejadian perkara	[tempat kedʒʲadian pərkara]
getuige (de)	saksi	[saksi]
vrijheid (de)	kebebasan	[kebebasan]
handlanger (de)	kaki tangan	[kaki taŋan]
ontvluchten (ww)	melarikan diri	[melarikan diri]
spoor (het)	jejak	[dʒʲedʒʲaʔ]

163. Politie. Wet. Deel 2

opsporing (de)	pencarian	[pentʃarian]
opsporen (ww)	mencari …	[məntʃari …]
verdenking (de)	kecurigaan	[ketʃuriga'an]
verdacht (bn)	mencurigakan	[məntʃurigakan]
aanhouden (stoppen)	menghentikan	[məŋhentikan]
tegenhouden (ww)	menahan	[mənahan]

strafzaak (de)	kasus, perkara	[kasus], [pərkara]
onderzoek (het)	investigasi, penyidikan	[investigasi], [penjidikan]
detective (de)	detektif	[detektif]
onderzoeksrechter (de)	penyidik	[penjidiʔ]
versie (de)	hipotesis	[hipotesis]

motief (het)	motif	[motif]
verhoor (het)	interogasi	[interogasi]
ondervragen (door de politie)	menginterogasi	[məŋinterogasi]
ondervragen (omstanders ~)	menanyai	[mənanjaj]
controle (de)	pemeriksaan	[pemeriksa'an]

razzia (de)	razia	[razia]
huiszoeking (de)	penggeledahan	[peŋgeledahan]
achtervolging (de)	pengejaran, perburuan	[peŋedʒʲaran], [pərburuan]
achtervolgen (ww)	mengejar	[məŋedʒʲar]
opsporen (ww)	melacak	[melatʃaʔ]

| arrest (het) | penahanan | [penahanan] |
| arresteren (ww) | menahan | [mənahan] |

vangen, aanhouden (een dief, enz.)	menangkap	[mənaŋkap]
aanhouding (de)	penangkapan	[penaŋkapan]
document (het)	dokumen	[dokumen]
bewijs (het)	bukti	[bukti]
bewijzen (ww)	membuktikan	[membuktikan]
voetspoor (het)	jejak	[dʒⁱedʒⁱaʔ]
vingerafdrukken (mv.)	sidik jari	[sidiʔ dʒⁱari]
bewijs (het)	barang bukti	[baraŋ bukti]
alibi (het)	alibi	[alibi]
onschuldig (bn)	tidak bersalah	[tidaʔ bərsalah]
onrecht (het)	ketidakadilan	[ketidakadilan]
onrechtvaardig (bn)	tidak adil	[tidaʔ adil]
crimineel (bn)	pidana	[pidana]
confisqueren (in beslag nemen)	menyita	[mənjita]
drug (de)	narkoba	[narkoba]
wapen (het)	senjata	[sendʒⁱata]
ontwapenen (ww)	melucuti	[melutʃuti]
bevelen (ww)	memerintahkan	[memerintahkan]
verdwijnen (ww)	menghilang	[məŋhilaŋ]
wet (de)	hukum	[hukum]
wettelijk (bn)	sah	[sah]
onwettelijk (bn)	tidak sah	[tidaʔ sah]
verantwoordelijkheid (de)	tanggung jawab	[taŋguŋ dʒⁱawab]
verantwoordelijk (bn)	bertanggung jawab	[bərtaŋguŋ dʒⁱawab]

NATUUR

De Aarde. Deel 1

kosmos (de)	angkasa	[aŋkasa]
kosmisch (bn)	angkasa	[aŋkasa]
kosmische ruimte (de)	ruang angkasa	[ruaŋ aŋkasa]
wereld (de)	dunia	[dunia]
heelal (het)	jagat raya	[dʒˈagat raja]
sterrenstelsel (het)	galaksi	[galaksi]
ster (de)	bintang	[bintaŋ]
sterrenbeeld (het)	gugusan bintang	[gugusan bintaŋ]
planeet (de)	planet	[planet]
satelliet (de)	satelit	[satelit]
meteoriet (de)	meteorit	[meteorit]
komeet (de)	komet	[komet]
asteroïde (de)	asteroid	[asteroid]
baan (de)	orbit	[orbit]
draaien (om de zon, enz.)	berputar	[bərputar]
atmosfeer (de)	atmosfer	[atmosfer]
Zon (de)	matahari	[matahari]
zonnestelsel (het)	tata surya	[tata surja]
zonsverduistering (de)	gerhana matahari	[gerhana matahari]
Aarde (de)	Bumi	[bumi]
Maan (de)	Bulan	[bulan]
Mars (de)	Mars	[mars]
Venus (de)	Venus	[venus]
Jupiter (de)	Yupiter	[yupiter]
Saturnus (de)	Saturnus	[saturnus]
Mercurius (de)	Merkurius	[merkurius]
Uranus (de)	Uranus	[uranus]
Neptunus (de)	Neptunus	[neptunus]
Pluto (de)	Pluto	[pluto]
Melkweg (de)	Bimasakti	[bimasakti]
Grote Beer (de)	Ursa Major	[ursa madʒor]
Poolster (de)	Bintang Utara	[bintaŋ utara]
marsmannetje (het)	makhluk Mars	[mahluʔ mars]
buitenaards wezen (het)	makhluk ruang angkasa	[mahluʔ ruaŋ aŋkasa]

bovenaards (het)	**alien, makhluk asing**	[alien], [mahlu' asiŋ]
vliegende schotel (de)	**piring terbang**	[piriŋ tərbaŋ]
ruimtevaartuig (het)	**kapal antariksa**	[kapal antariksa]
ruimtestation (het)	**stasiun antariksa**	[stasiun antariksa]
start (de)	**peluncuran**	[peluntʃuran]
motor (de)	**mesin**	[mesin]
straalpijp (de)	**nosel**	[nosel]
brandstof (de)	**bahan bakar**	[bahan bakar]
cabine (de)	**kokpit**	[kokpit]
antenne (de)	**antena**	[antena]
patrijspoort (de)	**jendela**	[dʒ'endela]
zonnebatterij (de)	**sel surya**	[sel surja]
ruimtepak (het)	**pakaian antariksa**	[pakajan antariksa]
gewichtloosheid (de)	**keadaan tanpa bobot**	[keada'an tanpa bobot]
zuurstof (de)	**oksigen**	[oksigen]
koppeling (de)	**penggabungan**	[peŋgabuŋan]
koppeling maken	**bergabung**	[bərgabuŋ]
observatorium (het)	**observatorium**	[observatorium]
telescoop (de)	**teleskop**	[teleskop]
waarnemen (ww)	**mengamati**	[məŋamati]
exploreren (ww)	**mengeksplorasi**	[məŋeksplorasi]

165. De Aarde

Aarde (de)	**Bumi**	[bumi]
aardbol (de)	**bola Bumi**	[bola bumi]
planeet (de)	**planet**	[planet]
atmosfeer (de)	**atmosfer**	[atmosfer]
aardrijkskunde (de)	**geografi**	[geografi]
natuur (de)	**alam**	[alam]
wereldbol (de)	**globe**	[globe]
kaart (de)	**peta**	[peta]
atlas (de)	**atlas**	[atlas]
Europa (het)	**Eropa**	[eropa]
Azië (het)	**Asia**	[asia]
Afrika (het)	**Afrika**	[afrika]
Australië (het)	**Australia**	[australia]
Amerika (het)	**Amerika**	[amerika]
Noord-Amerika (het)	**Amerika Utara**	[amerika utara]
Zuid-Amerika (het)	**Amerika Selatan**	[amerika selatan]
Antarctica (het)	**Antartika**	[antartika]
Arctis (de)	**Arktika**	[arktika]

166. Windrichtingen

noorden (het)	utara	[utara]
naar het noorden	ke utara	[ke utara]
in het noorden	di utara	[di utara]
noordelijk (bn)	utara	[utara]
zuiden (het)	selatan	[selatan]
naar het zuiden	ke selatan	[ke selatan]
in het zuiden	di selatan	[di selatan]
zuidelijk (bn)	selatan	[selatan]
westen (het)	barat	[barat]
naar het westen	ke barat	[ke barat]
in het westen	di barat	[di barat]
westelijk (bn)	barat	[barat]
oosten (het)	timur	[timur]
naar het oosten	ke timur	[ke timur]
in het oosten	di timur	[di timur]
oostelijk (bn)	timur	[timur]

167. Zee. Oceaan

zee (de)	laut	[laut]
oceaan (de)	samudra	[samudra]
golf (baai)	teluk	[telu ʔ]
straat (de)	selat	[selat]
grond (vaste grond)	daratan	[daratan]
continent (het)	benua	[benua]
eiland (het)	pulau	[pulau]
schiereiland (het)	semenanjung, jazirah	[semenandʒˈuŋ], [dʒˈazirah]
archipel (de)	kepulauan	[kepulauan]
baai, bocht (de)	teluk	[telu ʔ]
haven (de)	pelabuhan	[pelabuhan]
lagune (de)	laguna	[laguna]
kaap (de)	tanjung	[tandʒˈuŋ]
atol (de)	pulau karang	[pulau karaŋ]
rif (het)	terumbu	[terumbu]
koraal (het)	karang	[karaŋ]
koraalrif (het)	terumbu karang	[terumbu karaŋ]
diep (bn)	dalam	[dalam]
diepte (de)	kedalaman	[kedalaman]
diepzee (de)	jurang	[dʒˈuraŋ]
trog (bijv. Marianentrog)	palung	[paluŋ]
stroming (de)	arus	[arus]
omspoelen (ww)	berbatasan dengan	[berbatasan deŋan]

oever (de)	**pantai**	[pantaj]
kust (de)	**pantai**	[pantaj]
vloed (de)	**air pasang**	[air pasaŋ]
eb (de)	**air surut**	[air surut]
ondiepte (ondiep water)	**beting**	[betiŋ]
bodem (de)	**dasar**	[dasar]
golf (hoge ~)	**gelombang**	[gelombaŋ]
golfkam (de)	**puncak gelombang**	[puntʃaʔ gelombaŋ]
schuim (het)	**busa, buih**	[busa], [buih]
storm (de)	**badai**	[badaj]
orkaan (de)	**topan**	[topan]
tsunami (de)	**tsunami**	[tsunami]
windstilte (de)	**angin tenang**	[aŋin tenaŋ]
kalm (bijv. ~e zee)	**tenang**	[tenaŋ]
pool (de)	**kutub**	[kutub]
polair (bn)	**kutub**	[kutub]
breedtegraad (de)	**lintang**	[lintaŋ]
lengtegraad (de)	**garis bujur**	[garis budʒⁱur]
parallel (de)	**sejajar**	[sedʒⁱadʒⁱar]
evenaar (de)	**khatulistiwa**	[hatulistiwa]
hemel (de)	**langit**	[laŋit]
horizon (de)	**horizon**	[horizon]
lucht (de)	**udara**	[udara]
vuurtoren (de)	**mercusuar**	[mertʃusuar]
duiken (ww)	**menyelam**	[mənjelam]
zinken (ov. een boot)	**karam**	[karam]
schatten (mv.)	**harta karun**	[harta karun]

168. Bergen

berg (de)	**gunung**	[gunuŋ]
bergketen (de)	**jajaran gunung**	[dʒⁱadʒⁱaran gunuŋ]
gebergte (het)	**sisir gunung**	[sisir gunuŋ]
bergtop (de)	**puncak**	[puntʃaʔ]
bergpiek (de)	**puncak**	[puntʃaʔ]
voet (ov. de berg)	**kaki**	[kaki]
helling (de)	**lereng**	[lereŋ]
vulkaan (de)	**gunung api**	[gunuŋ api]
actieve vulkaan (de)	**gunung api yang aktif**	[gunuŋ api yaŋ aktif]
uitgedoofde vulkaan (de)	**gunung api yang tidak aktif**	[gunuŋ api yaŋ tidaʔ aktif]
uitbarsting (de)	**erupsi, letusan**	[erupsi], [letusan]
krater (de)	**kawah**	[kawah]
magma (het)	**magma**	[magma]
lava (de)	**lava, lahar**	[lava], [lahar]

gloeiend (~e lava)	pijar	[piʤⁱar]
kloof (canyon)	kanyon	[kanjon]
bergkloof (de)	jurang	[ʤⁱuraŋ]
spleet (de)	celah	[ʧelah]
afgrond (de)	jurang	[ʤⁱuraŋ]
bergpas (de)	pass, celah	[pass], [ʧelah]
plateau (het)	plato, dataran tinggi	[plato], [dataran tiŋgi]
klip (de)	tebing	[tebiŋ]
heuvel (de)	bukit	[bukit]
gletsjer (de)	gletser	[gletser]
waterval (de)	air terjun	[air tərʤⁱun]
geiser (de)	geiser	[geyser]
meer (het)	danau	[danau]
vlakte (de)	dataran	[dataran]
landschap (het)	landskap	[landskap]
echo (de)	gema	[gema]
alpinist (de)	pendaki gunung	[pendaki gunuŋ]
bergbeklimmer (de)	pemanjat tebing	[pemanʤⁱat tebiŋ]
trotseren (berg ~)	menaklukkan	[mənakluʔkan]
beklimming (de)	pendakian	[pendakian]

169. Rivieren

rivier (de)	sungai	[suŋaj]
bron (~ van een rivier)	mata air	[mata air]
rivierbedding (de)	badan sungai	[badan suŋaj]
rivierbekken (het)	basin	[basin]
uitmonden in …	mengalir ke …	[məŋalir ke …]
zijrivier (de)	anak sungai	[anaʔ suŋaj]
oever (de)	tebing sungai	[tebiŋ suŋaj]
stroming (de)	arus	[arus]
stroomafwaarts (bw)	ke hilir	[ke hilir]
stroomopwaarts (bw)	ke hulu	[ke hulu]
overstroming (de)	banjir	[banʤir]
overstroming (de)	banjir	[banʤir]
buiten zijn oevers treden	membanjiri	[membanʤiri]
overstromen (ww)	membanjiri	[membanʤiri]
zandbank (de)	beting	[betiŋ]
stroomversnelling (de)	jeram	[ʤⁱeram]
dam (de)	dam, bendungan	[dam], [benduŋan]
kanaal (het)	kanal, terusan	[kanal], [tərusan]
spaarbekken (het)	waduk	[waduʔ]
sluis (de)	pintu air	[pintu air]
waterlichaam (het)	kolam	[kolam]
moeras (het)	rawa	[rawa]

| broek (het) | bencah, paya | [bentʃah], [paja] |
| draaikolk (de) | pusaran air | [pusaran air] |

stroom (de)	selokan	[selokan]
drink- (abn)	minum	[minum]
zoet (~ water)	tawar	[tawar]

| IJs (het) | es | [es] |
| bevriezen (rivier, enz.) | membeku | [membeku] |

170. Bos

| bos (het) | hutan | [hutan] |
| bos- (abn) | hutan | [hutan] |

oerwoud (dicht bos)	hutan lebat	[hutan lebat]
bosje (klein bos)	hutan kecil	[hutan ketʃil]
open plek (de)	pembukaan hutan	[pembukaʔan hutan]

| struikgewas (het) | semak belukar | [semaʔ belukar] |
| struiken (mv.) | belukar | [belukar] |

| paadje (het) | jalan setapak | [dʒʲalan setapaʔ] |
| ravijn (het) | parit | [parit] |

boom (de)	pohon	[pohon]
blad (het)	daun	[daun]
gebladerte (het)	daun-daunan	[daun-daunan]

vallende bladeren (mv.)	daun berguguran	[daun bərguguran]
vallen (ov. de bladeren)	luruh	[luruh]
boomtop (de)	puncak	[puntʃaʔ]

tak (de)	cabang	[tʃabaŋ]
ent (de)	dahan	[dahan]
knop (de)	tunas	[tunas]
naald (de)	daun jarum	[daun dʒʲarum]
dennenappel (de)	buah pinus	[buah pinus]

boom holte (de)	lubang pohon	[lubaŋ pohon]
nest (het)	sarang	[saraŋ]
hol (het)	lubang	[lubaŋ]

stam (de)	batang	[bataŋ]
wortel (bijv. boom~s)	akar	[akar]
schors (de)	kulit	[kulit]
mos (het)	lumut	[lumut]

ontwortelen (een boom)	mencabut	[məntʃabut]
kappen (een boom ~)	menebang	[mənebaŋ]
ontbossen (ww)	deforestasi, penggundulan hutan	[deforestasi], [pəŋgundulan hutan]

| stronk (de) | tunggul | [tuŋgul] |
| kampvuur (het) | api unggun | [api uŋgun] |

bosbrand (de)	kebakaran hutan	[kebakaran hutan]
blussen (ww)	memadamkan	[memadamkan]
boswachter (de)	penjaga hutan	[pendʒaga hutan]
bescherming (de)	perlindungan	[pərlinduŋan]
beschermen	melindungi	[melinduŋi]
(bijv. de natuur ~)		
stroper (de)	pemburu ilegal	[pemburu ilegal]
val (de)	perangkap	[pəraŋkap]
plukken (vruchten, enz.)	memetik	[memetiʔ]
verdwalen (de weg kwijt zijn)	tersesat	[tərsesat]

171. Natuurlijke hulpbronnen

natuurlijke rijkdommen (mv.)	sumber daya alam	[sumber daja alam]
delfstoffen (mv.)	bahan tambang	[bahan tambaŋ]
lagen (mv.)	endapan	[endapan]
veld (bijv. olie~)	ladang	[ladaŋ]
winnen (uit erts ~)	menambang	[mənambaŋ]
winning (de)	pertambangan	[pərtambaŋan]
erts (het)	bijih	[bidʒih]
mijn (bijv. kolenmijn)	tambang	[tambaŋ]
mijnschacht (de)	sumur tambang	[sumur tambaŋ]
mijnwerker (de)	penambang	[penambaŋ]
gas (het)	gas	[gas]
gasleiding (de)	pipa saluran gas	[pipa saluran gas]
olie (aardolie)	petroleum, minyak	[petroleum], [minjaʔ]
olieleiding (de)	pipa saluran minyak	[pipa saluran minjaʔ]
oliebron (de)	sumur minyak	[sumur minjaʔ]
boortoren (de)	menara bor minyak	[mənara bor minjaʔ]
tanker (de)	kapal tangki	[kapal taŋki]
zand (het)	pasir	[pasir]
kalksteen (de)	batu kapur	[batu kapur]
grind (het)	kerikil	[kerikil]
veen (het)	gambut	[gambut]
klei (de)	tanah liat	[tanah liat]
steenkool (de)	arang	[araŋ]
IJzer (het)	besi	[besi]
goud (het)	emas	[emas]
zilver (het)	perak	[peraʔ]
nikkel (het)	nikel	[nikel]
koper (het)	tembaga	[tembaga]
zink (het)	seng	[seŋ]
mangaan (het)	mangan	[maŋan]
kwik (het)	air raksa	[air raksa]
lood (het)	timbal	[timbal]
mineraal (het)	mineral	[mineral]

kristal (het)	**kristal, hablur**	[kristal], [hablur]
marmer (het)	**marmer**	[marmer]
uraan (het)	**uranium**	[uranium]

De Aarde. Deel 2

172. Weer

weer (het)	cuaca	[tʃuatʃa]
weersvoorspelling (de)	prakiraan cuaca	[prakiraˀan tʃuatʃa]
temperatuur (de)	temperatur, suhu	[temperatur], [suhu]
thermometer (de)	termometer	[tərmometər]
barometer (de)	barometer	[barometer]
vochtig (bn)	lembap	[lembap]
vochtigheid (de)	kelembapan	[kelembapan]
hitte (de)	panas, gerah	[panas], [gerah]
heet (bn)	panas terik	[panas təriˀ]
het is heet	panas	[panas]
het is warm	hangat	[haŋat]
warm (bn)	hangat	[haŋat]
het is koud	dingin	[diŋin]
koud (bn)	dingin	[diŋin]
zon (de)	matahari	[matahari]
schijnen (de zon)	bersinar	[bərsinar]
zonnig (~e dag)	cerah	[tʃerah]
opgaan (ov. de zon)	terbit	[terbit]
ondergaan (ww)	terbenam	[tərbenam]
wolk (de)	awan	[awan]
bewolkt (bn)	berawan	[bərawan]
regenwolk (de)	awan mendung	[awan menduŋ]
somber (bn)	mendung	[menduŋ]
regen (de)	hujan	[hudʒan]
het regent	hujan turun	[hudʒan turun]
regenachtig (bn)	hujan	[hudʒan]
motregenen (ww)	gerimis	[gerimis]
plensbui (de)	hujan lebat	[hudʒan lebat]
stortbui (de)	hujan lebat	[hudʒan lebat]
hard (bn)	lebat	[lebat]
plas (de)	kubangan	[kubaŋan]
nat worden (ww)	kehujanan	[kehudʒanan]
mist (de)	kabut	[kabut]
mistig (bn)	berkabut	[bərkabut]
sneeuw (de)	salju	[saldʒu]
het sneeuwt	turun salju	[turun saldʒu]

173. Zwaar weer. Natuurrampen

noodweer (storm)	hujan badai	[hudʒˈan badaj]
bliksem (de)	kilat	[kilat]
flitsen (ww)	berkilau	[berkilau]
donder (de)	petir	[petir]
donderen (ww)	bergemuruh	[bergemuruh]
het dondert	bergemuruh	[bergemuruh]
hagel (de)	hujan es	[hudʒˈan es]
het hagelt	hujan es	[hudʒˈan es]
overstromen (ww)	membanjiri	[membandʒiri]
overstroming (de)	banjir	[bandʒir]
aardbeving (de)	gempa bumi	[gempa bumi]
aardschok (de)	gempa	[gempa]
epicentrum (het)	episentrum	[episentrum]
uitbarsting (de)	erupsi, letusan	[erupsi], [letusan]
lava (de)	lava, lahar	[lava], [lahar]
wervelwind (de)	puting beliung	[putiŋ beliuŋ]
windhoos (de)	tornado	[tornado]
tyfoon (de)	topan	[topan]
orkaan (de)	topan	[topan]
storm (de)	badai	[badaj]
tsunami (de)	tsunami	[tsunami]
cycloon (de)	siklon	[siklon]
onweer (het)	cuaca buruk	[tʃuatʃa buruʔ]
brand (de)	kebakaran	[kebakaran]
ramp (de)	bencana	[bentʃana]
meteoriet (de)	meteorit	[meteorit]
lawine (de)	longsor	[loŋsor]
sneeuwverschuiving (de)	salju longsor	[saldʒˈu loŋsor]
sneeuwjacht (de)	badai salju	[badaj saldʒˈu]
sneeuwstorm (de)	badai salju	[badaj saldʒˈu]

Fauna

174. Zoogdieren. Roofdieren

roofdier (het)	**predator, pemangsa**	[predator], [pemaŋsa]
tijger (de)	**harimau**	[harimau]
leeuw (de)	**singa**	[siŋa]
wolf (de)	**serigala**	[serigala]
vos (de)	**rubah**	[rubah]
jaguar (de)	**jaguar**	[dʒʲaguar]
luipaard (de)	**leopard, macan tutul**	[leopard], [matʃan tutul]
jachtluipaard (de)	**cheetah**	[tʃeetah]
panter (de)	**harimau kumbang**	[harimau kumbaŋ]
poema (de)	**singa gunung**	[siŋa gunuŋ]
sneeuwluipaard (de)	**harimau bintang salju**	[harimau bintaŋ saldʒʲu]
lynx (de)	**lynx**	[links]
coyote (de)	**koyote**	[koyot]
jakhals (de)	**jakal**	[dʒʲakal]
hyena (de)	**hiena**	[hiena]

175. Wilde dieren

dier (het)	**binatang**	[binataŋ]
beest (het)	**binatang buas**	[binataŋ buas]
eekhoorn (de)	**bajing**	[badʒiŋ]
egel (de)	**landak susu**	[landaʔ susu]
haas (de)	**terwelu**	[tərwelu]
konijn (het)	**kelinci**	[kelintʃi]
das (de)	**luak**	[luaʔ]
wasbeer (de)	**rakun**	[rakun]
hamster (de)	**hamster**	[hamster]
marmot (de)	**marmut**	[marmut]
mol (de)	**tikus mondok**	[tikus mondoʔ]
muis (de)	**tikus**	[tikus]
rat (de)	**tikus besar**	[tikus besar]
vleermuis (de)	**kelelawar**	[kelelawar]
hermelijn (de)	**ermin**	[ermin]
sabeldier (het)	**sabel**	[sabel]
marter (de)	**marten**	[marten]
wezel (de)	**musang**	[musaŋ]
nerts (de)	**cerpelai**	[tʃerpelaj]

| bever (de) | beaver | [beaver] |
| otter (de) | berang-berang | [bəraŋ-bəraŋ] |

paard (het)	kuda	[kuda]
eland (de)	rusa besar	[rusa besar]
hert (het)	rusa	[rusa]
kameel (de)	unta	[unta]

bizon (de)	bison	[bison]
oeros (de)	aurochs	[oroks]
buffel (de)	kerbau	[kerbau]

zebra (de)	kuda belang	[kuda belaŋ]
antilope (de)	antelop	[antelop]
ree (de)	kijang	[kidʒʲaŋ]
damhert (het)	rusa	[rusa]
gems (de)	chamois	[ʃemva]
everzwijn (het)	babi hutan jantan	[babi hutan dʒʲantan]

walvis (de)	ikan paus	[ikan paus]
rob (de)	anjing laut	[andʒiŋ laut]
walrus (de)	walrus	[walrus]
zeehond (de)	anjing laut berbulu	[andʒiŋ laut bərbulu]
dolfijn (de)	lumba-lumba	[lumba-lumba]

beer (de)	beruang	[bəruaŋ]
IJsbeer (de)	beruang kutub	[bəruaŋ kutub]
panda (de)	panda	[panda]

aap (de)	monyet	[monjet]
chimpansee (de)	simpanse	[simpanse]
orang-oetan (de)	orang utan	[oraŋ utan]
gorilla (de)	gorila	[gorila]
makaak (de)	kera	[kera]
gibbon (de)	siamang, ungka	[siamaŋ], [uŋka]

olifant (de)	gajah	[gadʒʲah]
neushoorn (de)	badak	[badaʔ]
giraffe (de)	jerapah	[dʒʲerapah]
nijlpaard (het)	kuda nil	[kuda nil]

| kangoeroe (de) | kanguru | [kaŋuru] |
| koala (de) | koala | [koala] |

mangoest (de)	garangan	[garaŋan]
chinchilla (de)	chinchilla	[tʃintʃilla]
stinkdier (het)	sigung	[siguŋ]
stekelvarken (het)	landak	[landaʔ]

176. Huisdieren

poes (de)	kucing betina	[kutʃiŋ betina]
kater (de)	kucing jantan	[kutʃiŋ dʒʲantan]
hond (de)	anjing	[andʒiŋ]

paard (het)	kuda	[kuda]
hengst (de)	kuda jantan	[kuda dʒˈantan]
merrie (de)	kuda betina	[kuda betina]

koe (de)	sapi	[sapi]
stier (de)	sapi jantan	[sapi dʒˈantan]
os (de)	lembu jantan	[lembu dʒˈantan]

schaap (het)	domba	[domba]
ram (de)	domba jantan	[domba dʒˈantan]
geit (de)	kambing betina	[kambiŋ betina]
bok (de)	kambing jantan	[kambiŋ dʒˈantan]

| ezel (de) | keledai | [keledaj] |
| muilezel (de) | bagal | [bagal] |

varken (het)	babi	[babi]
biggetje (het)	anak babi	[ana' babi]
konijn (het)	kelinci	[kelintʃi]

| kip (de) | ayam betina | [ajam betina] |
| haan (de) | ayam jago | [ajam dʒˈago] |

eend (de)	bebek	[bebe']
woerd (de)	bebek jantan	[bebe' dʒˈantan]
gans (de)	angsa	[aŋsa]

| kalkoen haan (de) | kalkun jantan | [kalkun dʒˈantan] |
| kalkoen (de) | kalkun betina | [kalkun betina] |

huisdieren (mv.)	binatang piaraan	[binataŋ piara'an]
tam (bijv. hamster)	jinak	[dʒina']
temmen (tam maken)	menjinakkan	[məndʒina'kan]
fokken (bijv. paarden ~)	membiakkan	[membia'kan]

boerderij (de)	peternakan	[peternakan]
gevogelte (het)	unggas	[uŋgas]
rundvee (het)	ternak	[terna']
kudde (de)	kawanan	[kawanan]

paardenstal (de)	kandang kuda	[kandaŋ kuda]
zwijnenstal (de)	kandang babi	[kandaŋ babi]
koeienstal (de)	kandang sapi	[kandaŋ sapi]
konijnenhok (het)	sangkar kelinci	[saŋkar kelintʃi]
kippenhok (het)	kandang ayam	[kandaŋ ajam]

177. Honden. Hondenrassen

hond (de)	anjing	[andʒiŋ]
herdershond (de)	anjing gembala	[andʒiŋ gembala]
Duitse herdershond (de)	anjing gembala jerman	[andʒiŋ gembala dʒˈerman]
poedel (de)	pudel	[pudel]
teckel (de)	anjing tekel	[andʒiŋ tekel]
buldog (de)	buldog	[buldog]

boxer (de)	boxer	[bokser]
mastiff (de)	Mastiff	[mastiff]
rottweiler (de)	Rottweiler	[rotweyler]
doberman (de)	Doberman	[doberman]

basset (de)	Basset	[basset]
bobtail (de)	bobtail	[bobteyl]
dalmatièr (de)	Dalmatian	[dalmatian]
cockerspaniël (de)	Cocker Spaniel	[koker spaniel]

| newfoundlander (de) | Newfoundland | [njufaundland] |
| sint-bernard (de) | Saint Bernard | [sen bǝrnar] |

poolhond (de)	Husky	[haski]
chowchow (de)	Chow Chow	[tʃau tʃau]
spits (de)	Spitz	[spits]
mopshond (de)	Pug	[pag]

178. Dierengeluiden

geblaf (het)	salak	[salaʔ]
blaffen (ww)	menyalak	[mǝnjalaʔ]
miauwen (ww)	mengeong	[mǝŋeoŋ]
spinnen (katten)	mendengkur	[mǝndeŋkur]

loeien (ov. een koe)	melenguh	[melǝŋuh]
brullen (stier)	menguak	[meŋuaʔ]
grommen (ov. de honden)	menggeram	[mǝŋgeram]

gehuil (het)	auman	[auman]
huilen (wolf, enz.)	mengaum	[mǝŋaum]
janken (ov. een hond)	merengek	[mereŋeʔ]

mekkeren (schapen)	mengembik	[mǝŋembiʔ]
knorren (varkens)	menguik	[meŋuiʔ]
gillen (bijv. varken)	memekik	[memekiʔ]

kwaken (kikvorsen)	berdengkang	[bǝrdeŋkaŋ]
zoemen (hommel, enz.)	mendengung	[mǝndeŋuŋ]
tjirpen (sprinkhanen)	mencicit	[mǝntʃitʃit]

179. Vogels

vogel (de)	burung	[buruŋ]
duif (de)	burung dara	[buruŋ dara]
mus (de)	burung gereja	[buruŋ geredʒ'a]
koolmees (de)	burung tit	[buruŋ tit]
ekster (de)	burung murai	[buruŋ muraj]

raaf (de)	burung raven	[buruŋ raven]
kraai (de)	burung gagak	[buruŋ gagaʔ]
kauw (de)	burung gagak kecil	[buruŋ gagaʔ ketʃil]

roek (de)	burung rook	[buruŋ rooˀ]
eend (de)	bebek	[bebeˀ]
gans (de)	angsa	[aŋsa]
fazant (de)	burung kuau	[buruŋ kuau]
arend (de)	rajawali	[radʒˈawali]
havik (de)	elang	[elaŋ]
valk (de)	alap-alap	[alap-alap]
gier (de)	hering	[heriŋ]
condor (de)	kondor	[kondor]
zwaan (de)	angsa	[aŋsa]
kraanvogel (de)	burung jenjang	[buruŋ dʒˈendʒˈaŋ]
ooievaar (de)	bangau	[baŋau]
papegaai (de)	burung nuri	[buruŋ nuri]
kolibrie (de)	burung kolibri	[buruŋ kolibri]
pauw (de)	burung merak	[buruŋ meraˀ]
struisvogel (de)	burung unta	[buruŋ unta]
reiger (de)	kuntul	[kuntul]
flamingo (de)	burung flamingo	[buruŋ flamiŋo]
pelikaan (de)	pelikan	[pelikan]
nachtegaal (de)	burung bulbul	[buruŋ bulbul]
zwaluw (de)	burung walet	[buruŋ walet]
lijster (de)	burung jalak	[buruŋ dʒˈalaˀ]
zanglijster (de)	burung jalak suren	[buruŋ dʒˈalaˀ suren]
merel (de)	burung jalak hitam	[buruŋ dʒˈalaˀ hitam]
gierzwaluw (de)	burung apus-apus	[buruŋ apus-apus]
leeuwerik (de)	burung lark	[buruŋ larˀ]
kwartel (de)	burung puyuh	[buruŋ puyuh]
specht (de)	burung pelatuk	[buruŋ pelatuˀ]
koekoek (de)	burung kukuk	[buruŋ kukuˀ]
uil (de)	burung hantu	[buruŋ hantu]
oehoe (de)	burung hantu bertanduk	[buruŋ hantu bərtanduˀ]
auerhoen (het)	burung murai kayu	[buruŋ muraj kaju]
korhoen (het)	burung belibis hitam	[buruŋ belibis hitam]
patrijs (de)	ayam hutan	[ajam hutan]
spreeuw (de)	burung starling	[buruŋ starliŋ]
kanarie (de)	burung kenari	[buruŋ kenari]
hazelhoen (het)	ayam hutan hazel	[ajam hutan hazel]
vink (de)	burung chaffinch	[buruŋ tʃaffintʃ]
goudvink (de)	burung bullfinch	[buruŋ bullfintʃ]
meeuw (de)	burung camar	[buruŋ tʃamar]
albatros (de)	albatros	[albatros]
pinguïn (de)	penguin	[peŋuin]

180. Vogels. Zingen en geluiden

fluiten, zingen (ww)	menyanyi	[mənjanji]
schreeuwen (dieren, vogels)	berteriak	[bərteria⁊]
kraaien (ov. een haan)	berkokok	[bərkoko⁊]
kukeleku	kukuruyuk	[kukuruyu⁊]
klokken (hen)	berkotek	[bərkote⁊]
krassen (kraai)	berkaok-kaok	[berkao⁊-kao⁊]
kwaken (eend)	meleter	[meleter]
piepen (kuiken)	berdecit	[bərdetʃit]
tjilpen (bijv. een mus)	berkicau	[bərkitʃau]

181. Vis. Zeedieren

brasem (de)	ikan bream	[ikan bream]
karper (de)	ikan karper	[ikan karper]
baars (de)	ikan tilapia	[ikan tilapia]
meerval (de)	lais junggang	[lajs ʤiuŋgaŋ]
snoek (de)	ikan pike	[ikan paik]
zalm (de)	salmon	[salmon]
steur (de)	ikan sturgeon	[ikan sturʤien]
haring (de)	ikan haring	[ikan hariŋ]
atlantische zalm (de)	ikan salem	[ikan salem]
makreel (de)	ikan kembung	[ikan kembuŋ]
platvis (de)	ikan sebelah	[ikan sebelah]
snoekbaars (de)	ikan seligi tenggeran	[ikan seligi teŋgeran]
kabeljauw (de)	ikan kod	[ikan kod]
tonijn (de)	tuna	[tuna]
forel (de)	ikan forel	[ikan forel]
paling (de)	belut	[belut]
sidderrog (de)	ikan pari listrik	[ikan pari listri⁊]
murene (de)	belut moray	[belut morey]
piranha (de)	ikan piranha	[ikan piranha]
haai (de)	ikan hiu	[ikan hiu]
dolfijn (de)	lumba-lumba	[lumba-lumba]
walvis (de)	ikan paus	[ikan paus]
krab (de)	kepiting	[kepitiŋ]
kwal (de)	ubur-ubur	[ubur-ubur]
octopus (de)	gurita	[gurita]
zeester (de)	bintang laut	[bintaŋ laut]
zee-egel (de)	landak laut	[landa⁊ laut]
zeepaardje (het)	kuda laut	[kuda laut]
oester (de)	tiram	[tiram]
garnaal (de)	udang	[udaŋ]

| kreeft (de) | udang karang | [udaŋ karaŋ] |
| langoest (de) | lobster berduri | [lobster bərduri] |

182. Amfibieën. Reptielen

| slang (de) | ular | [ular] |
| giftig (slang) | berbisa | [bərbisa] |

adder (de)	ular viper	[ular viper]
cobra (de)	kobra	[kobra]
python (de)	ular sanca	[ular santʃa]
boa (de)	ular boa	[ular boa]

ringslang (de)	ular tanah	[ular tanah]
ratelslang (de)	ular derik	[ular deriʔ]
anaconda (de)	ular anakonda	[ular anakonda]

hagedis (de)	kadal	[kadal]
leguaan (de)	iguana	[iguana]
varaan (de)	biawak	[biawaʔ]
salamander (de)	salamander	[salamander]
kameleon (de)	bunglon	[bunlon]
schorpioen (de)	kalajengking	[kaladʒ'eŋkiŋ]

schildpad (de)	kura-kura	[kura-kura]
kikker (de)	katak	[kataʔ]
pad (de)	kodok	[kodoʔ]
krokodil (de)	buaya	[buaja]

183. Insecten

insect (het)	serangga	[seraŋga]
vlinder (de)	kupu-kupu	[kupu-kupu]
mier (de)	semut	[semut]
vlieg (de)	lalat	[lalat]
mug (de)	nyamuk	[njamuʔ]
kever (de)	kumbang	[kumbaŋ]

wesp (de)	tawon	[tawon]
bij (de)	lebah	[lebah]
hommel (de)	kumbang	[kumbaŋ]
horzel (de)	lalat kerbau	[lalat kerbau]

| spin (de) | laba-laba | [laba-laba] |
| spinnenweb (het) | sarang laba-laba | [saraŋ laba-laba] |

libel (de)	capung	[tʃapuŋ]
sprinkhaan (de)	belalang	[belalaŋ]
nachtvlinder (de)	ngengat	[ŋeŋat]

| kakkerlak (de) | kecoa | [ketʃoa] |
| mijt (de) | kutu | [kutu] |

| vlo (de) | kutu loncat | [kutu lontʃat] |
| kriebelmug (de) | agas | [agas] |

treksprinkhaan (de)	belalang	[belalaŋ]
slak (de)	siput	[siput]
krekel (de)	jangkrik	[dʒˈaŋkriˀ]
glimworm (de)	kunang-kunang	[kunaŋ-kunaŋ]
lieveheersbeestje (het)	kumbang koksi	[kumbaŋ koksi]
meikever (de)	kumbang Cockchafer	[kumbaŋ kokʃafer]

bloedzuiger (de)	lintah	[lintah]
rups (de)	ulat	[ulat]
aardworm (de)	cacing	[tʃatʃiŋ]
larve (de)	larva	[larva]

184. Dieren. Lichaamsdelen

snavel (de)	paruh	[paruh]
vleugels (mv.)	sayap	[sajap]
poot (ov. een vogel)	kaki	[kaki]
verenkleed (het)	bulu-bulu	[bulu-bulu]
veer (de)	bulu	[bulu]
kuifje (het)	jambul	[dʒˈambul]

kieuwen (mv.)	insang	[insaŋ]
kuit, dril (de)	telur ikan	[telur ikan]
larve (de)	larva	[larva]
vin (de)	sirip	[sirip]
schubben (mv.)	sisik	[sisiˀ]

slagtand (de)	taring	[tariŋ]
poot (bijv. ~ van een kat)	kaki	[kaki]
muil (de)	moncong	[montʃoŋ]
bek (mond van dieren)	mulut	[mulut]
staart (de)	ekor	[ekor]
snorharen (mv.)	kumis	[kumis]

| hoef (de) | tapak, kuku | [tapak], [kuku] |
| hoorn (de) | tanduk | [tanduˀ] |

schild (schildpad, enz.)	cangkang	[tʃaŋkaŋ]
schelp (de)	kerang	[keraŋ]
eierschaal (de)	kulit telur	[kulit telur]

| vacht (de) | bulu | [bulu] |
| huid (de) | kulit | [kulit] |

185. Dieren. Leefomgevingen

leefgebied (het)	habitat	[habitat]
migratie (de)	migrasi	[migrasi]
berg (de)	gunung	[gunuŋ]

rif (het)	**terumbu**	[tərumbu]
klip (de)	**tebing**	[tebiŋ]
bos (het)	**hutan**	[hutan]
jungle (de)	**rimba**	[rimba]
savanne (de)	**sabana**	[sabana]
toendra (de)	**tundra**	[tundra]
steppe (de)	**stepa**	[stepa]
woestijn (de)	**gurun**	[gurun]
oase (de)	**oasis, oase**	[oasis], [oase]
zee (de)	**laut**	[laut]
meer (het)	**danau**	[danau]
oceaan (de)	**samudra**	[samudra]
moeras (het)	**rawa**	[rawa]
zoetwater- (abn)	**air tawar**	[air tawar]
vijver (de)	**kolam**	[kolam]
rivier (de)	**sungai**	[suŋaj]
berenhol (het)	**goa**	[goa]
nest (het)	**sarang**	[saraŋ]
boom holte (de)	**lubang pohon**	[lubaŋ pohon]
hol (het)	**lubang**	[lubaŋ]
mierenhoop (de)	**sarang semut**	[saraŋ semut]

Flora

186. Bomen

boom (de)	**pohon**	[pohon]
loof- (abn)	**daun luruh**	[daun luruh]
dennen- (abn)	**pohon jarum**	[pohon dʒarum]
groenblijvend (bn)	**selalu hijau**	[selalu hidʒau]
appelboom (de)	**pohon apel**	[pohon apel]
perenboom (de)	**pohon pir**	[pohon pir]
zoete kers (de)	**pohon ceri manis**	[pohon tʃeri manis]
zure kers (de)	**pohon ceri asam**	[pohon tʃeri asam]
pruimelaar (de)	**pohon plum**	[pohon plum]
berk (de)	**pohon berk**	[pohon bərʔ]
eik (de)	**pohon eik**	[pohon eiʔ]
linde (de)	**pohon linden**	[pohon linden]
esp (de)	**pohon aspen**	[pohon aspen]
esdoorn (de)	**pohon mapel**	[pohon mapel]
spar (de)	**pohon den**	[pohon den]
den (de)	**pohon pinus**	[pohon pinus]
lariks (de)	**pohon larch**	[pohon lartʃ]
zilverspar (de)	**pohon fir**	[pohon fir]
ceder (de)	**pohon aras**	[pohon aras]
populier (de)	**pohon poplar**	[pohon poplar]
lijsterbes (de)	**pohon rowan**	[pohon rowan]
wilg (de)	**pohon dedalu**	[pohon dedalu]
els (de)	**pohon alder**	[pohon alder]
beuk (de)	**pohon nothofagus**	[pohon notofagus]
iep (de)	**pohon elm**	[pohon elm]
es (de)	**pohon abu**	[pohon abu]
kastanje (de)	**kastanye**	[kastanje]
magnolia (de)	**magnolia**	[magnolia]
palm (de)	**palem**	[palem]
cipres (de)	**pokok cipres**	[pokoʔ sipres]
mangrove (de)	**bakau**	[bakau]
baobab (apenbroodboom)	**baobab**	[baobab]
eucalyptus (de)	**kayu putih**	[kaju putih]
mammoetboom (de)	**sequoia**	[sekuoia]

187. Heesters

struik (de)	**rumpun**	[rumpun]
heester (de)	**semak**	[semaʔ]

| wijnstok (de) | pohon anggur | [pohon aŋgur] |
| wijngaard (de) | kebun anggur | [kebun aŋgur] |

frambozenstruik (de)	pohon frambus	[pohon frambus]
zwarte bes (de)	pohon blackcurrant	[pohon ble'karen]
rode bessenstruik (de)	pohon redcurrant	[pohon redkaren]
kruisbessenstruik (de)	pohon arbei hijau	[pohon arbei hidʒiau]

acacia (de)	pohon akasia	[pohon akasia]
zuurbes (de)	pohon barberis	[pohon barberis]
jasmijn (de)	melati	[melati]

jeneverbes (de)	pohon juniper	[pohon dʒiuniper]
rozenstruik (de)	pohon mawar	[pohon mawar]
hondsroos (de)	pohon mawar liar	[pohon mawar liar]

188. Champignons

paddenstoel (de)	jamur	[dʒiamur]
eetbare paddenstoel (de)	jamur makanan	[dʒiamur makanan]
giftige paddenstoel (de)	jamur beracun	[dʒiamur bəratʃun]
hoed (de)	kepala jamur	[kepala dʒiamur]
steel (de)	batang jamur	[bataŋ dʒiamur]

| gewoon eekhoorntjesbrood (het) | jamur boletus | [dʒiamur boletus] |

rosse populierenboleet (de)	jamur topi jingga	[dʒiamur topi dʒiŋga]
berkenboleet (de)	jamur boletus berk	[dʒiamur boletus bər']
cantharel (de)	jamur chanterelle	[dʒiamur tʃanterelle]
russula (de)	jamur rusula	[dʒiamur rusula]

morille (de)	jamur morel	[dʒiamur morel]
vliegenzwam (de)	jamur Amanita muscaria	[dʒiamur amanita mustʃaria]
groene knolzwam (de)	jamur topi kematian	[dʒiamur topi kematian]

189. Vruchten. Bessen

| vrucht (de) | buah | [buah] |
| vruchten (mv.) | buah-buahan | [buah-buahan] |

appel (de)	apel	[apel]
peer (de)	pir	[pir]
pruim (de)	plum	[plum]

aardbei (de)	stroberi	[stroberi]
zure kers (de)	buah ceri asam	[buah tʃeri asam]
zoete kers (de)	buah ceri manis	[buah tʃeri manis]
druif (de)	buah anggur	[buah aŋgur]

framboos (de)	buah frambus	[buah frambus]
zwarte bes (de)	blackcurrant	[ble'karen]
rode bes (de)	redcurrant	[redkaren]

| kruisbes (de) | buah arbei hijau | [buah arbei hidʒ¡au] |
| veenbes (de) | buah kranberi | [buah kranberi] |

sinaasappel (de)	jeruk manis	[dʒ¡eru' manis]
mandarijn (de)	jeruk mandarin	[dʒ¡eru' mandarin]
ananas (de)	nanas	[nanas]
banaan (de)	pisang	[pisaŋ]
dadel (de)	buah kurma	[buah kurma]

citroen (de)	jeruk sitrun	[dʒ¡eru' sitrun]
abrikoos (de)	aprikot	[aprikot]
perzik (de)	persik	[persi']
kiwi (de)	kiwi	[kiwi]
grapefruit (de)	jeruk Bali	[dʒ¡eru' bali]

bes (de)	buah beri	[buah bəri]
bessen (mv.)	buah-buah beri	[buah-buah bəri]
vossenbes (de)	buah cowberry	[buah kowberi]
bosaardbei (de)	stroberi liar	[stroberi liar]
bosbes (de)	buah bilberi	[buah bilberi]

190. Bloemen. Planten

| bloem (de) | bunga | [buŋa] |
| boeket (het) | buket | [buket] |

roos (de)	mawar	[mawar]
tulp (de)	tulip	[tulip]
anjer (de)	bunga anyelir	[buŋa anjelir]
gladiool (de)	bunga gladiol	[buŋa gladiol]

korenbloem (de)	cornflower	[kornflawa]
klokje (het)	bunga lonceng biru	[buŋa lontʃeŋ biru]
paardenbloem (de)	dandelion	[dandelion]
kamille (de)	bunga margrit	[buŋa margrit]

aloè (de)	lidah buaya	[lidah buaja]
cactus (de)	kaktus	[kaktus]
ficus (de)	pohon ara	[pohon ara]

lelie (de)	bunga lili	[buŋa lili]
geranium (de)	geranium	[geranium]
hyacint (de)	bunga bakung lembayung	[buŋa bakuŋ lembajuŋ]

mimosa (de)	putri malu	[putri malu]
narcis (de)	bunga narsis	[buŋa narsis]
Oostindische kers (de)	bunga nasturtium	[buŋa nasturtium]

orchidee (de)	anggrek	[aŋgre']
pioenroos (de)	bunga peoni	[buŋa peoni]
viooltje (het)	bunga violet	[buŋa violet]
driekleurig viooltje (het)	bunga pansy	[buŋa pansi]
vergeet-mij-nietje (het)	bunga jangan-lupakan-daku	[buŋa dʒ¡aŋan-lupakan-daku]

madeliefje (het)	bunga desi	[buŋa desi]
papaver (de)	bunga madat	[buŋa madat]
hennep (de)	rami	[rami]
munt (de)	mint	[min]

| lelietje-van-dalen (het) | lili lembah | [lili lembah] |
| sneeuwklokje (het) | bunga tetesan salju | [buŋa tetesan salʤˈu] |

brandnetel (de)	jelatang	[ʤˈelataŋ]
veldzuring (de)	daun sorrel	[daun sorrel]
waterlelie (de)	lili air	[lili air]
varen (de)	pakis	[pakis]
korstmos (het)	lichen	[litʃen]

oranjerie (de)	rumah kaca	[rumah katʃa]
gazon (het)	halaman berumput	[halaman bərumput]
bloemperk (het)	bedeng bunga	[bedeŋ buŋa]

plant (de)	tumbuhan	[tumbuhan]
gras (het)	rumput	[rumput]
grasspriet (de)	sehelai rumput	[sehelaj rumput]

blad (het)	daun	[daun]
bloemblad (het)	kelopak	[kelopaʔ]
stengel (de)	batang	[bataŋ]
knol (de)	ubi	[ubi]

| scheut (de) | tunas | [tunas] |
| doorn (de) | duri | [duri] |

bloeien (ww)	berbunga	[bərbuŋa]
verwelken (ww)	layu	[laju]
geur (de)	bau	[bau]
snijden (bijv. bloemen ~)	memotong	[memotoŋ]
plukken (bloemen ~)	memetik	[memetiʔ]

191. Granen, graankorrels

graan (het)	biji-bijian	[biʤi-biʤian]
graangewassen (mv.)	padi-padian	[padi-padian]
aar (de)	bulir	[bulir]

tarwe (de)	gandum	[gandum]
rogge (de)	gandum hitam	[gandum hitam]
haver (de)	oat	[oat]
gierst (de)	jawawut	[ʤˈawawut]
gerst (de)	jelai	[ʤˈelaj]

maïs (de)	jagung	[ʤˈagun]
rijst (de)	beras	[beras]
boekweit (de)	buckwheat	[bakvit]

| erwt (de) | kacang polong | [katʃaŋ poloŋ] |
| boon (de) | kacang buncis | [katʃaŋ buntʃis] |

soja (de)	**kacang kedelai**	[katʃaŋ kedelaj]
linze (de)	**kacang lentil**	[katʃaŋ lentil]
bonen (mv.)	**kacang-kacangan**	[katʃaŋ-katʃaŋan]

REGIONALE AARDRIJKSKUNDE

Landen. Nationaliteiten

192. Politiek. Overheid. Deel 1

politiek (de)	politik	[politi']
politiek (bn)	politis	[politis]
politicus (de)	politisi, politikus	[politisi], [politikus]
staat (land)	negara	[negara]
burger (de)	warganegara	[warganegara]
staatsburgerschap (het)	kewarganegaraan	[kewarganegara'an]
nationaal wapen (het)	lambang negara	[lambaŋ negara]
volkslied (het)	lagu kebangsaan	[lagu kebaŋsa'an]
regering (de)	pemerintah	[pemerintah]
staatshoofd (het)	kepala negara	[kepala negara]
parlement (het)	parlemen	[parlemen]
partij (de)	partai	[partaj]
kapitalisme (het)	kapitalisme	[kapitalisme]
kapitalistisch (bn)	kapitalis	[kapitalis]
socialisme (het)	sosialisme	[sosialisme]
socialistisch (bn)	sosialis	[sosialis]
communisme (het)	komunisme	[komunisme]
communistisch (bn)	komunis	[komunis]
communist (de)	orang komunis	[oraŋ komunis]
democratie (de)	demokrasi	[demokrasi]
democraat (de)	demokrat	[demokrat]
democratisch (bn)	demokratis	[demokratis]
democratische partij (de)	Partai Demokrasi	[partaj demokrasi]
liberaal (de)	orang liberal	[oraŋ liberal]
liberaal (bn)	liberal	[liberal]
conservator (de)	orang yang konservatif	[oraŋ yaŋ konservatif]
conservatief (bn)	konservatif	[konservatif]
republiek (de)	republik	[republi']
republikein (de)	pendukung Partai Republik	[pendukuŋ partaj republi']
Republikeinse Partij (de)	Partai Republik	[partaj republi']
verkiezing (de)	pemilu	[pemilu]
kiezen (ww)	memilih	[memilih]
kiezer (de)	pemilih	[pemilih]

verkiezingscampagne (de)	kampanye pemilu	[kampane pemilu]
stemming (de)	pemungutan suara	[pemuŋutan suara]
stemmen (ww)	memberikan suara	[memberikan suara]
stemrecht (het)	hak suara	[ha' suara]

kandidaat (de)	kandidat, calon	[kandidat], [tʃalon]
zich kandideren	mencalonkan diri	[mentʃalonkan diri]
campagne (de)	kampanye	[kampanje]

| oppositie- (abn) | oposisi | [oposisi] |
| oppositie (de) | oposisi | [oposisi] |

bezoek (het)	kunjungan	[kundʒʲuŋan]
officieel bezoek (het)	kunjungan resmi	[kundʒʲuŋan resmi]
internationaal (bn)	internasional	[internasional]

| onderhandelingen (mv.) | negosiasi, perundingan | [negosiasi], [perundiŋan] |
| onderhandelen (ww) | bernegosiasi | [bernegosiasi] |

193. Politiek. Overheid. Deel 2

maatschappij (de)	masyarakat	[maʃarakat]
grondwet (de)	Konstitusi, Undang-Undang Dasar	[konstitusi], [undaŋ-undaŋ dasar]
macht (politieke ~)	kekuasaan	[kekuasa'an]
corruptie (de)	korupsi	[korupsi]

| wet (de) | hukum | [hukum] |
| wettelijk (bn) | sah | [sah] |

| rechtvaardigheid (de) | keadilan | [keadilan] |
| rechtvaardig (bn) | adil | [adil] |

comité (het)	komite	[komite]
wetsvoorstel (het)	rancangan undang-undang	[rantʃaŋan undaŋ-undaŋ]
begroting (de)	anggaran belanja	[aŋgaran belandʒʲa]
beleid (het)	kebijakan	[kebidʒʲakan]
hervorming (de)	reformasi	[reformasi]
radicaal (bn)	radikal	[radikal]

macht (vermogen)	kuasa	[kuasa]
machtig (bn)	adikuasa, berkuasa	[adikuasa], [berkuasa]
aanhanger (de)	pendukung	[pendukuŋ]
invloed (de)	pengaruh	[peŋaruh]

regime (het)	rezim	[rezim]
conflict (het)	konflik	[konfli']
samenzwering (de)	komplotan	[komplotan]
provocatie (de)	provokasi	[provokasi]

omverwerpen (ww)	menggulingkan	[meŋguliŋkan]
omverwerping (de)	penggulingan	[peŋguliŋan]
revolutie (de)	revolusi	[revolusi]
staatsgreep (de)	kudeta	[kudeta]

militaire coup (de)	**kudeta militer**	[kudeta militer]
crisis (de)	**krisis**	[krisis]
economische recessie (de)	**resesi ekonomi**	[resesi ekonomi]
betoger (de)	**pendemo**	[pendemo]
betoging (de)	**demonstrasi**	[demonstrasi]
krijgswet (de)	**darurat militer**	[darurat militer]
militaire basis (de)	**pangkalan militer**	[paŋkalan militer]
stabiliteit (de)	**stabilitas**	[stabilitas]
stabiel (bn)	**stabil**	[stabil]
uitbuiting (de)	**eksploitasi**	[eksploitasi]
uitbuiten (ww)	**mengeksploitasi**	[məŋeksploitasi]
racisme (het)	**rasisme**	[rasisme]
racist (de)	**rasis**	[rasis]
fascisme (het)	**fasisme**	[fasisme]
fascist (de)	**fasis**	[fasis]

194. Landen. Diversen

vreemdeling (de)	**orang asing**	[oraŋ asiŋ]
buitenlands (bn)	**asing**	[asiŋ]
in het buitenland (bw)	**di luar negeri**	[di luar negeri]
emigrant (de)	**emigran**	[emigran]
emigratie (de)	**emigrasi**	[emigrasi]
emigreren (ww)	**beremigrasi**	[bəremigrasi]
Westen (het)	**Barat**	[barat]
Oosten (het)	**Timur**	[timur]
Verre Oosten (het)	**Timur Jauh**	[timur dʒauh]
beschaving (de)	**peradaban**	[pəradaban]
mensheid (de)	**umat manusia**	[umat manusia]
wereld (de)	**dunia**	[dunia]
vrede (de)	**perdamaian**	[pərdamajan]
wereld- (abn)	**sedunia**	[sedunia]
vaderland (het)	**tanah air**	[tanah air]
volk (het)	**rakyat**	[rakjat]
bevolking (de)	**populasi, penduduk**	[populasi], [pendudu']
mensen (mv.)	**orang-orang**	[oraŋ-oraŋ]
natie (de)	**bangsa**	[baŋsa]
generatie (de)	**generasi**	[generasi]
gebied (bijv. bezette ~en)	**wilayah**	[wilajah]
regio, streek (de)	**kawasan**	[kawasan]
deelstaat (de)	**negara bagian**	[negara bagian]
traditie (de)	**tradisi**	[tradisi]
gewoonte (de)	**adat**	[adat]
ecologie (de)	**ekologi**	[ekologi]
Indiaan (de)	**orang Indian**	[oraŋ indian]

zigeuner (de)	lelaki Gipsi	[lelaki gipsi]
zigeunerin (de)	wanita Gipsi	[wanita gipsi]
zigeuner- (abn)	Gipsi, Rom	[gipsi], [rom]
rijk (het)	kekaisaran	[kekajsaran]
kolonie (de)	koloni, negeri jajahan	[koloni], [negeri dʒ¦adʒ¦ahan]
slavernij (de)	perbudakan	[pərbudakan]
invasie (de)	invasi, penyerbuan	[invasi], [penerbuan]
hongersnood (de)	kelaparan, paceklik	[kelaparan], [patʃekli⁷]

195. Grote religieuze groepen. Bekentenissen

religie (de)	agama	[agama]
religieus (bn)	religius	[religius]
geloof (het)	keyakinan, iman	[keyakinan], [iman]
geloven (ww)	percaya	[pərtʃaja]
gelovige (de)	penganut agama	[penanut agama]
atheïsme (het)	ateisme	[ateisme]
atheïst (de)	ateis	[ateis]
christendom (het)	agama Kristen	[agama kristen]
christen (de)	orang Kristen	[oran kristen]
christelijk (bn)	Kristen	[kristen]
katholicisme (het)	agama Katolik	[agama katoli⁷]
katholiek (de)	orang Katolik	[oran katoli⁷]
katholiek (bn)	Katolik	[katoli⁷]
protestantisme (het)	Protestanisme	[protestanisme]
Protestante Kerk (de)	Gereja Protestan	[geredʒ¦a protestan]
protestant (de)	Protestan	[protestan]
orthodoxie (de)	Kristen Ortodoks	[kristen ortodoks]
Orthodoxe Kerk (de)	Gereja Kristen Ortodoks	[geredʒ¦a kristen ortodoks]
orthodox	Ortodoks	[ortodoks]
presbyterianisme (het)	Gereja Presbiterian	[geredʒ¦a presbiterian]
Presbyteriaanse Kerk (de)	Gereja Presbiterian	[geredʒ¦a presbiterian]
presbyteriaan (de)	penganut	[penanut
	Gereja Presbiterian	geredʒ¦a presbiterian]
lutheranisme (het)	Gereja Lutheran	[geredʒ¦a luteran]
lutheraan (de)	pengikut Gereja Lutheran	[penikut geredʒ¦a luteran]
baptisme (het)	Gereja Baptis	[geredʒ¦a baptis]
baptist (de)	penganut Gereja Baptis	[penanut geredʒ¦a baptis]
Anglicaanse Kerk (de)	Gereja Anglikan	[geredʒ¦a anlikan]
anglicaan (de)	penganut Anglikanisme	[penanut anlikanisme]
mormonisme (het)	Mormonisme	[mormonisme]
mormoon (de)	Mormon	[mormon]
Jodendom (het)	agama Yahudi	[agama yahudi]

jood (aanhanger van het Jodendom)	orang Yahudi	[oraŋ yahudi]
boeddhisme (het)	agama Buddha	[agama budda]
boeddhist (de)	penganut Buddha	[peŋanut budda]
hindoeïsme (het)	agama Hindu	[agama hindu]
hindoe (de)	penganut Hindu	[peŋanut hindu]
islam (de)	Islam	[islam]
islamiet (de)	Muslim	[muslim]
islamitisch (bn)	Muslim	[muslim]
sjiisme (het)	Syi'ah	[ʃi-a]
sjiiet (de)	penganut Syi'ah	[peŋanut ʃi-a]
soennisme (het)	Sunni	[sunni]
soenniet (de)	ahli Sunni	[ahli sunni]

196. Religies. Priesters

priester (de)	pendeta	[pendeta]
paus (de)	Paus	[paus]
monnik (de)	biarawan, rahib	[biarawan], [rahib]
non (de)	biarawati	[biarawati]
pastoor (de)	pastor	[pastor]
abt (de)	abbas	[abbas]
vicaris (de)	vikaris	[vikaris]
bisschop (de)	uskup	[uskup]
kardinaal (de)	kardinal	[kardinal]
predikant (de)	pengkhotbah	[peŋhotbah]
preek (de)	khotbah	[hotbah]
kerkgangers (mv.)	ahli paroki	[ahli paroki]
gelovige (de)	penganut agama	[peŋanut agama]
atheïst (de)	ateis	[ateis]

197. Geloof. Christendom. Islam

Adam	Adam	[adam]
Eva	Hawa	[hawa]
God (de)	Tuhan	[tuhan]
Heer (de)	Tuhan	[tuhan]
Almachtige (de)	Yang Maha Kuasa	[yaŋ maha kuasa]
zonde (de)	dosa	[dosa]
zondigen (ww)	berdosa	[bərdosa]
zondaar (de)	pedosa lelaki	[pedosa lelaki]
zondares (de)	pedosa wanita	[pedosa wanita]
hel (de)	neraka	[neraka]

paradijs (het)	surga	[surga]
Jezus	**Yesus**	[yesus]
Jezus Christus	**Yesus Kristus**	[yesus kristus]

Heilige Geest (de)	**Roh Kudus**	[roh kudus]
Verlosser (de)	**Juru Selamat**	[dʒˈuru selamat]
Maagd Maria (de)	**Perawan Maria**	[pərawan maria]

duivel (de)	**Iblis**	[iblis]
duivels (bn)	**setan**	[setan]
Satan	**setan**	[setan]
satanisch (bn)	**setan**	[setan]

engel (de)	**malaikat**	[malajkat]
beschermengel (de)	**malaikat pelindung**	[malajkat pelinduŋ]
engelachtig (bn)	**malaikat**	[malajkat]

apostel (de)	**rasul**	[rasul]
aartsengel (de)	**malaikat utama**	[malajkat utama]
antichrist (de)	**Antikristus**	[antikristus]

Kerk (de)	**Gereja**	[gəredʒˈa]
bijbel (de)	**Alkitab**	[alkitab]
bijbels (bn)	**Alkitab**	[alkitab]

Oude Testament (het)	**Perjanjian Lama**	[pərdʒˈandʒian lama]
Nieuwe Testament (het)	**Perjanjian Baru**	[pərdʒˈandʒian baru]
evangelie (het)	**Injil**	[indʒil]
Heilige Schrift (de)	**Kitab Suci**	[kitab sutʃi]
Hemel, Hemelrijk (de)	**Surga**	[surga]

gebod (het)	**Perintah Allah**	[pərintah allah]
profeet (de)	**nabi**	[nabi]
profetie (de)	**ramalan**	[ramalan]

Allah	**Allah**	[alah]
Mohammed	**Muhammad**	[muhammad]
Koran (de)	**Al Quran**	[al kur'an]

moskee (de)	**masjid**	[masdʒid]
moellah (de)	**mullah**	[mullah]
gebed (het)	**sembahyang, doa**	[sembahjaŋ], [doa]
bidden (ww)	**bersembahyang, berdoa**	[bərsembahjaŋ], [bərdoa]

pelgrimstocht (de)	**ziarah**	[ziarah]
pelgrim (de)	**peziarah**	[peziarah]
Mekka	**Mekah**	[mekah]

kerk (de)	**gereja**	[gəredʒˈa]
tempel (de)	**kuil, candi**	[kuil], [tʃandi]
kathedraal (de)	**katedral**	[katedral]
gotisch (bn)	**Gotik**	[goti']
synagoge (de)	**sinagoga, kanisah**	[sinagoga], [kanisah]
moskee (de)	**masjid**	[masdʒid]
kapel (de)	**kapel**	[kapel]
abdij (de)	**keabbasan**	[keabbasan]

nonnenklooster (het)	**biara**	[biara]
mannenklooster (het)	**biara**	[biara]
klok (de)	**lonceng**	[lontʃeŋ]
klokkentoren (de)	**menara lonceng**	[mənara lontʃeŋ]
luiden (klokken)	**berbunyi**	[bərbunji]
kruis (het)	**salib**	[salib]
koepel (de)	**kubah**	[kubah]
icoon (de)	**ikon**	[ikon]
ziel (de)	**jiwa**	[dʒiwa]
lot, noodlot (het)	**takdir**	[takdir]
kwaad (het)	**kejahatan**	[kedʒ'ahatan]
goed (het)	**kebaikan**	[kebajkan]
vampier (de)	**vampir**	[vampir]
heks (de)	**tukang sihir**	[tukaŋ sihir]
demoon (de)	**iblis**	[iblis]
geest (de)	**roh**	[roh]
verzoeningsleer (de)	**penebusan**	[penebusan]
vrijkopen (ww)	**menebus**	[mənebus]
mis (de)	**misa**	[misa]
de mis opdragen	**menyelenggarakan misa**	[mənjeleŋarakan misa]
biecht (de)	**pengakuan dosa**	[peɲakuan dosa]
biechten (ww)	**mengaku dosa**	[məɲaku dosa]
heilige (de)	**santo**	[santo]
heilig (bn)	**suci, kudus**	[sutʃi], [kudus]
wijwater (het)	**air suci**	[air sutʃi]
ritueel (het)	**ritus**	[ritus]
ritueel (bn)	**ritual**	[ritual]
offerande (de)	**pengorbangan**	[peɲorbaŋan]
bijgeloof (het)	**takhayul**	[tahajul]
bijgelovig (bn)	**bertakhayul**	[bərtahajul]
hiernamaals (het)	**akhirat**	[ahirat]
eeuwige leven (het)	**hidup abadi**	[hidup abadi]

DIVERSEN

198. Diverse nuttige woorden

achtergrond (de)	latar belakang	[latar belakaŋ]
balans (de)	keseimbangan	[keseimbaŋan]
basis (de)	basis, dasar	[basis], [dasar]
begin (het)	permulaan	[permula'an]
beurt (wie is aan de ~?)	giliran	[giliran]
categorie (de)	kategori	[kategori]
comfortabel (~ bed, enz.)	nyaman	[njaman]
compensatie (de)	kompensasi, ganti rugi	[kompensasi], [ganti rugi]
deel (gedeelte)	bagian	[bagian]
deeltje (het)	partikel, bagian kecil	[partikel], [bagian ketʃil]
ding (object, voorwerp)	barang	[baraŋ]
dringend (bn, urgent)	segera	[segera]
dringend (bw, met spoed)	segera	[segera]
effect (het)	efek, pengaruh	[efek], [peŋaruh]
eigenschap (kwaliteit)	sifat	[sifat]
einde (het)	akhir	[ahir]
element (het)	unsur	[unsur]
feit (het)	fakta	[fakta]
fout (de)	kesalahan	[kesalahan]
geheim (het)	rahasia	[rahasia]
graad (mate)	tingkat	[tiŋkat]
groei (ontwikkeling)	pertumbuhan	[pertumbuhan]
hindernis (de)	rintangan	[rintaŋan]
hinderpaal (de)	rintangan	[rintaŋan]
hulp (de)	bantuan	[bantuan]
ideaal (het)	ideal	[ideal]
inspanning (de)	usaha	[usaha]
keuze (een grote ~)	pilihan	[pilihan]
labyrint (het)	labirin	[labirin]
manier (de)	cara	[tʃara]
moment (het)	saat, waktu	[sa'at], [waktu]
nut (bruikbaarheid)	kegunaan	[keguna'an]
onderscheid (het)	perbedaan	[perbeda'an]
ontwikkeling (de)	perkembangan	[perkembaŋan]
oplossing (de)	solusi, penyelesaian	[solusi], [penjelesajan]
origineel (het)	orisinal, dokumen asli	[orisinal], [dokumen asli]
pauze (de)	istirahat	[istirahat]
positie (de)	posisi	[posisi]
principe (het)	prinsip	[prinsip]

probleem (het)	**masalah**	[masalah]
proces (het)	**proses**	[proses]
reactie (de)	**reaksi**	[reaksi]
reden (om ~ van)	**sebab**	[sebab]
risico (het)	**risiko**	[risiko]
samenvallen (het)	**kebetulan**	[kebetulan]
serie (de)	**rangkaian**	[raŋkajan]
situatie (de)	**situasi**	[situasi]
soort (bijv. ~ sport)	**jenis**	[dʒʲenis]
standaard (bn)	**standar**	[standar]
standaard (de)	**standar**	[standar]
stijl (de)	**gaya**	[gaja]
stop (korte onderbreking)	**perhentian**	[pərhentian]
systeem (het)	**sistem**	[sistem]
tabel (bijv. ~ van Mendelejev)	**tabel**	[tabel]
tempo (langzaam ~)	**tempo, laju**	[tempo], [ladʒʲu]
term (medische ~en)	**istilah**	[istilah]
type (soort)	**jenis**	[dʒʲenis]
variant (de)	**varian**	[varian]
veelvuldig (bn)	**kerap, sering**	[kerap], [seriŋ]
vergelijking (de)	**perbandingan**	[pərbandiŋan]
voorbeeld (het goede ~)	**contoh**	[tʃontoh]
voortgang (de)	**kemajuan**	[kemadʒʲuan]
voorwerp (ding)	**objek**	[obdʒʲeʔ]
vorm (uiterlijke ~)	**bentuk, rupa**	[bentuk], [rupa]
waarheid (de)	**kebenaran**	[kebenaran]
zone (de)	**zona**	[zona]

www.ingramcontent.com/pod-product-compliance
Lightning Source LLC
LaVergne TN
LVHW051308080426
835509LV00020B/3172